MW01144920

Le Corps humain

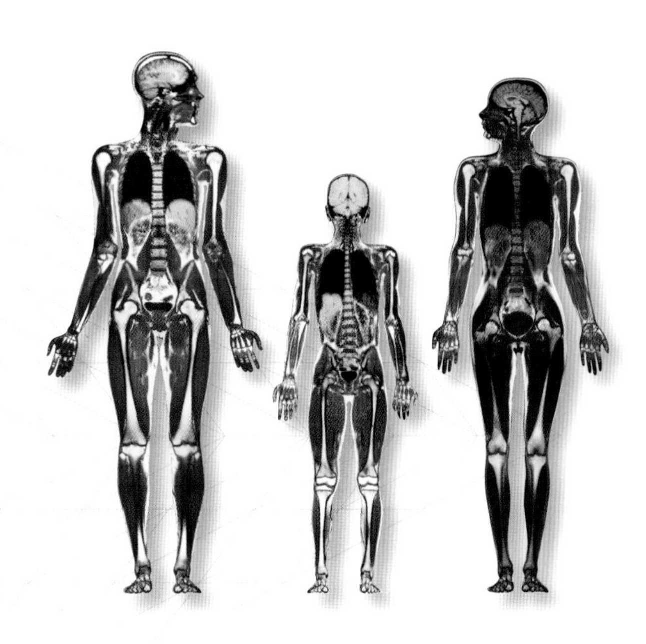

Cet ouvrage est l'adaptation française de
Insiders Human body

Première impression : 2007

Directeur Général : John Owen
Président-Directeur Général : Terry Newell
Éditeur : Sheena Coupe
Directeur artistique : Sue Burk
Développement : John Bull, The Book Design Company
Coordination éditoriale : Mike Crowton
Vice-Président, Ventes internationales : Stuart Laurence
Vice-Président, Ventes et développement : Amy Kaneko
Vice-Président, Ventes Asie et Amérique latine : Dawn Low
Administrateur, Ventes internationales : Kristine Ravn

Éditeur du projet : Helen Flint
Designers : Argosy Publishing, www.argosypublishing.com

Édition française

Traduction : Marie Ollivier-Caudray
Lecture-révision : Edith Zha
ISBN : 978-2-03-586995-1
307844 - 01 / 11016184 - juillet 2011
Dépôt légal : mars 2008

Reproduction des couleurs par Chroma Graphics (Overseas) Pte Ltd
Imprimé en Chine par Toppan Leefung Printing Ltd

À la loupe

Le Corps humain

Linda Calabresi

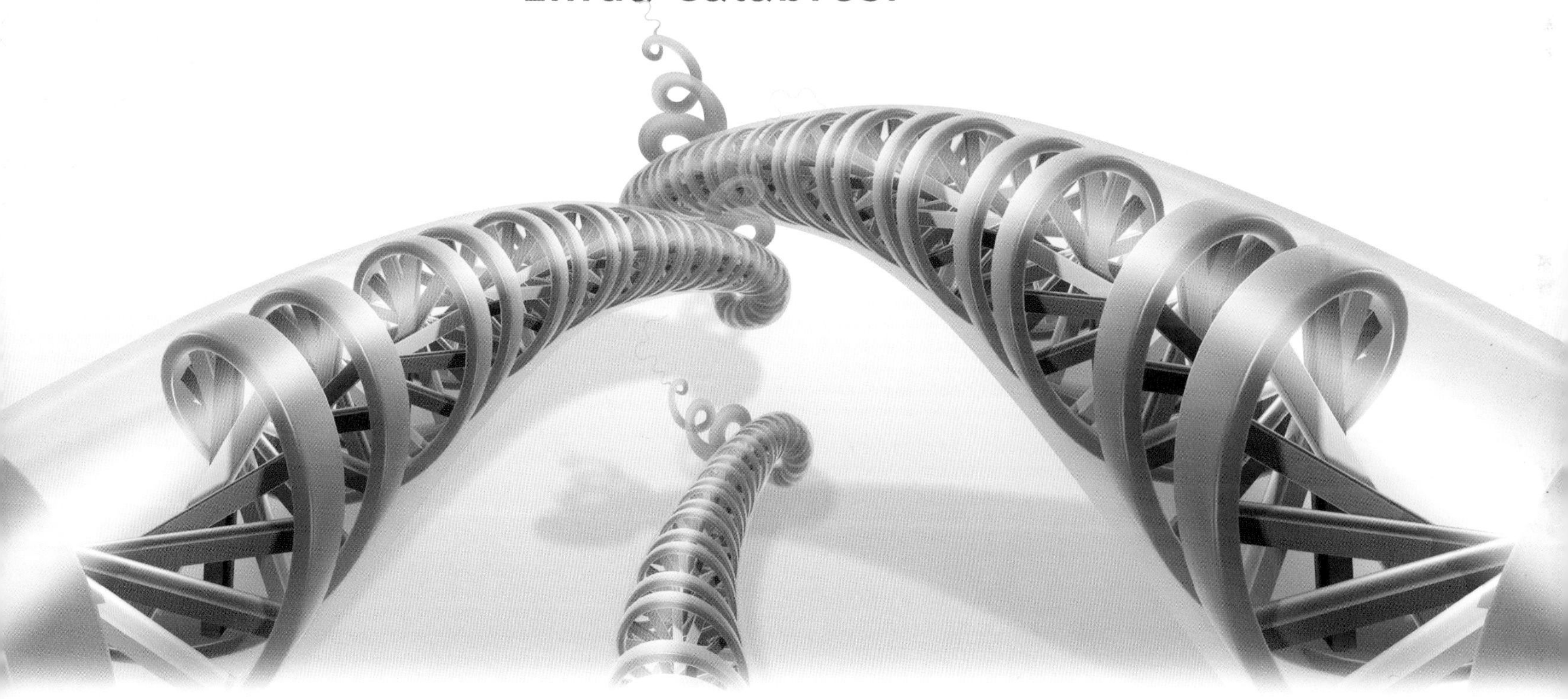

Sommaire

Panorama

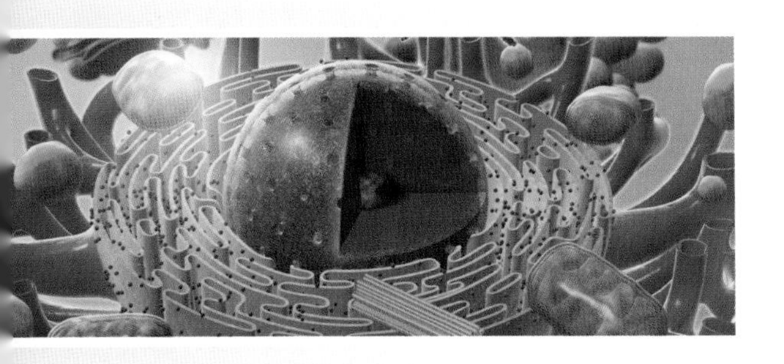

Présentation du corps humain

Comment fonctionne notre corps ?

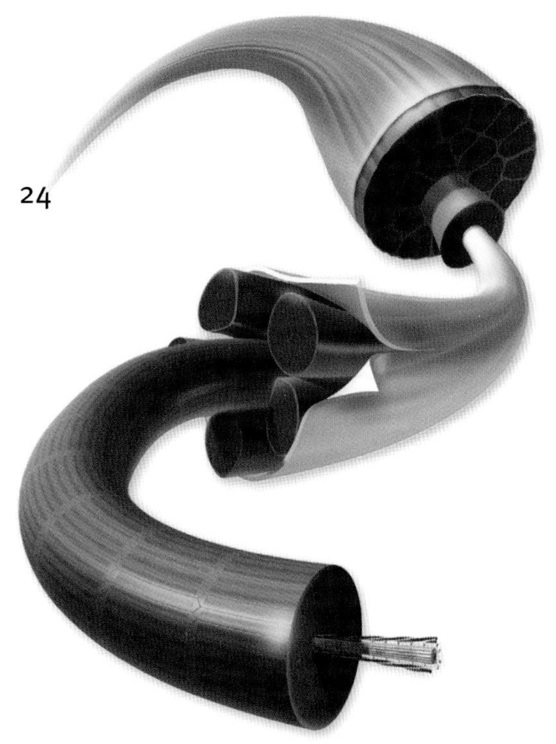

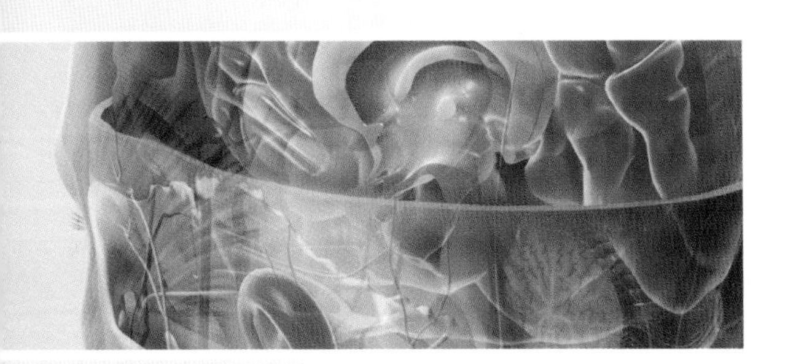

Les organes

Zoom sur

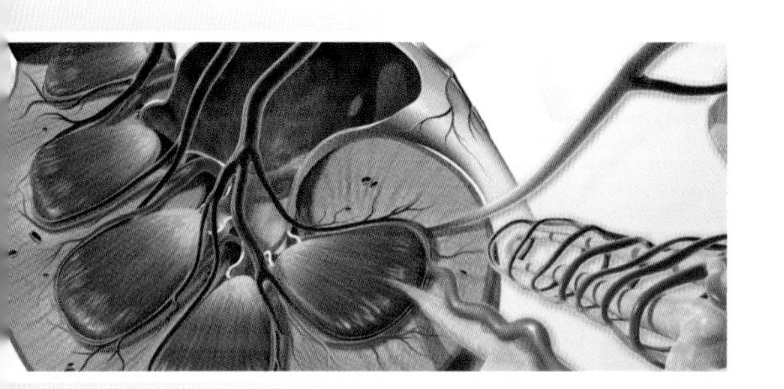

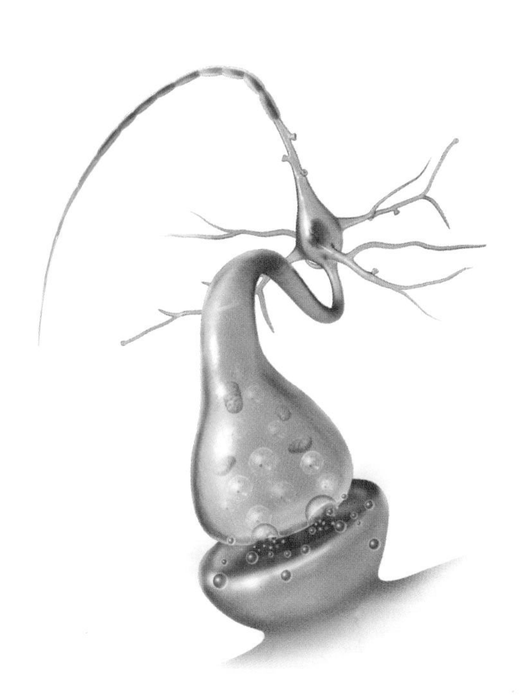

Les systèmes fondamentaux

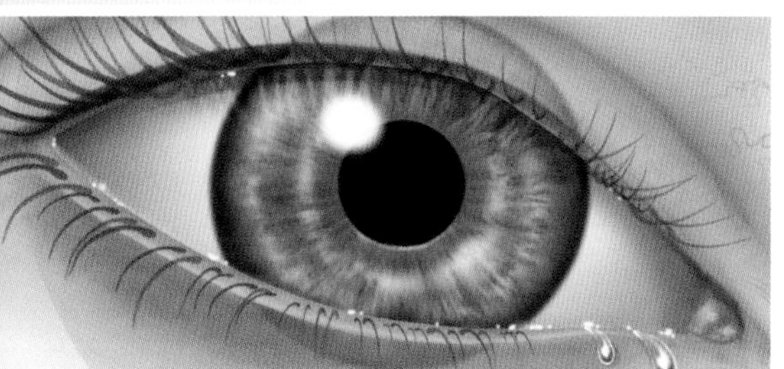

Les sens

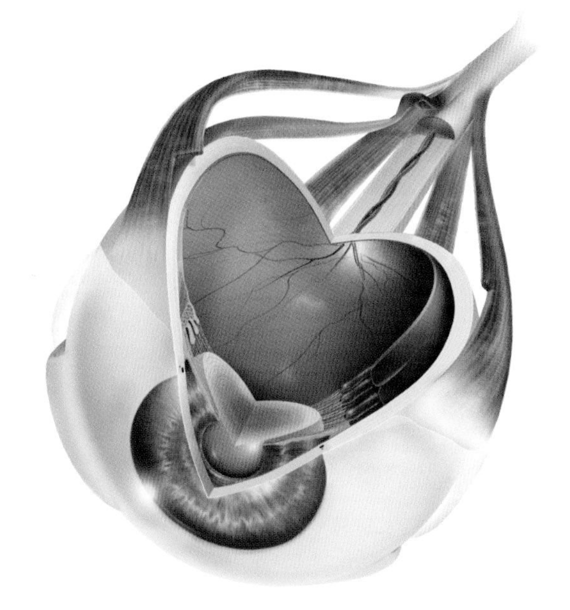

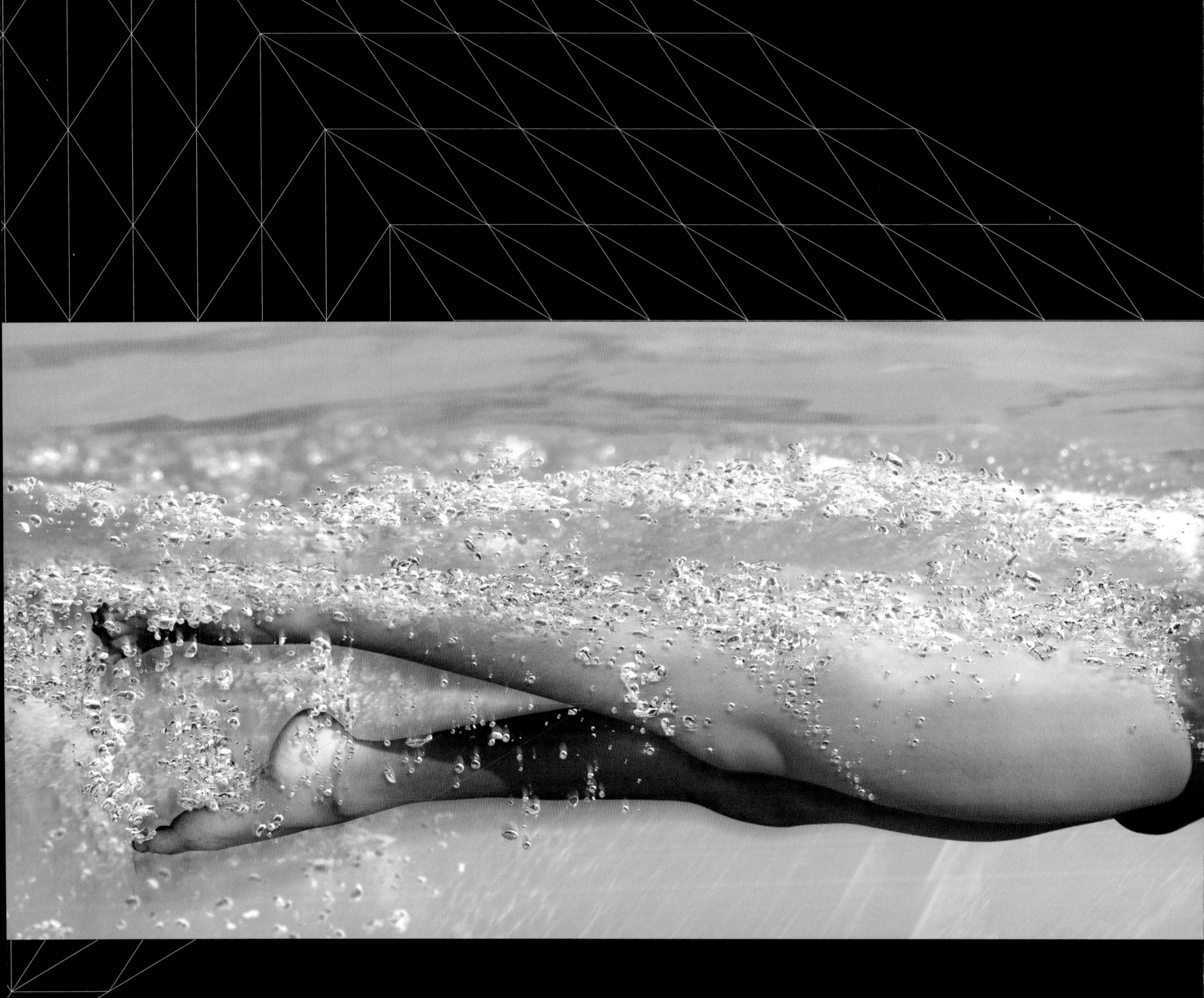

Panorama

Les cellules :

minuscules, mais vivantes

Les cellules, bien que minuscules, sont des éléments essentiels du corps humain. Tous les organismes vivants sont constitués de cellules. Chaque être humain possède plus de dix mille milliards de cellules d'environ 200 sortes différentes. Chaque cellule est un ensemble extrêmement organisé doté d'une fonction spécifique. Ainsi, les cellules du cerveau n'ont pas le même aspect ni le même mode de fonctionnement que celles du sang. Néanmoins, toutes les cellules sont nécessaires et doivent coopérer pour que le corps puisse fonctionner.

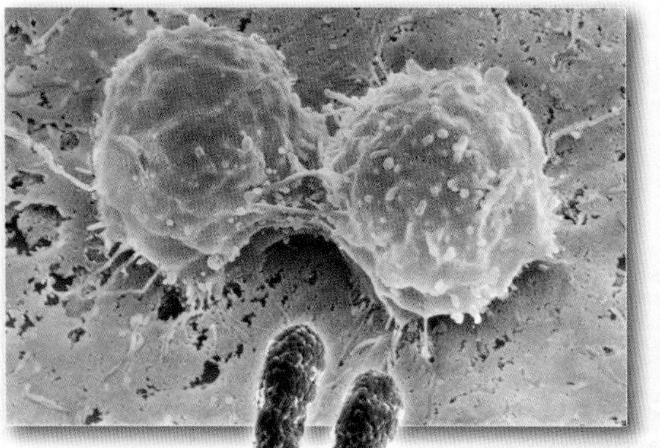

Cellules filles
On parle de mitose lorsqu'une cellule se divise en deux copies d'elle-même.
Ce processus permet aux tissus de croître et de cicatriser.

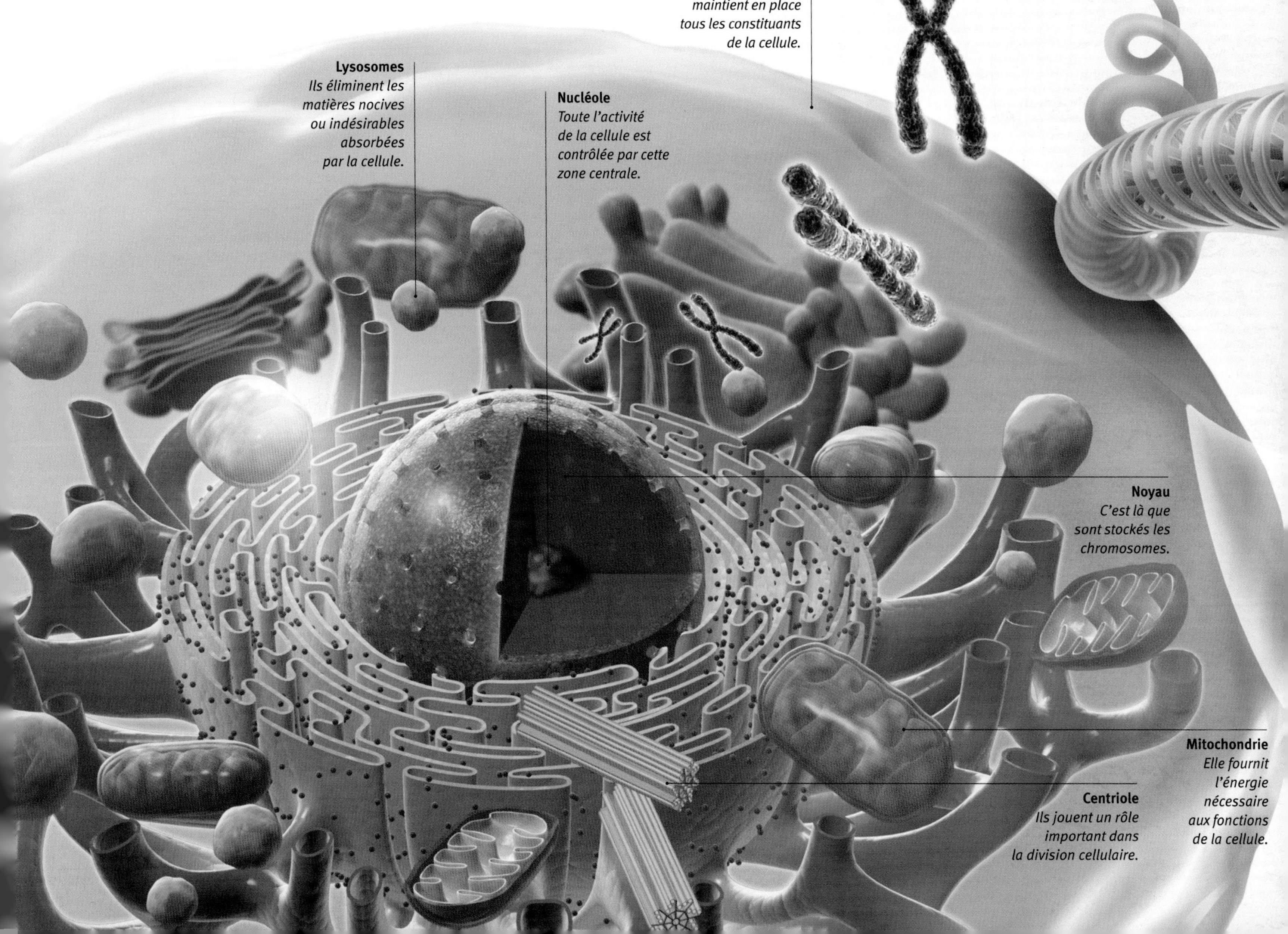

Cytoplasme
Cette substance, qui ressemble à de la gelée, maintient en place tous les constituants de la cellule.

Lysosomes
Ils éliminent les matières nocives ou indésirables absorbées par la cellule.

Nucléole
Toute l'activité de la cellule est contrôlée par cette zone centrale.

Noyau
C'est là que sont stockés les chromosomes.

Mitochondrie
Elle fournit l'énergie nécessaire aux fonctions de la cellule.

Centriole
Ils jouent un rôle important dans la division cellulaire.

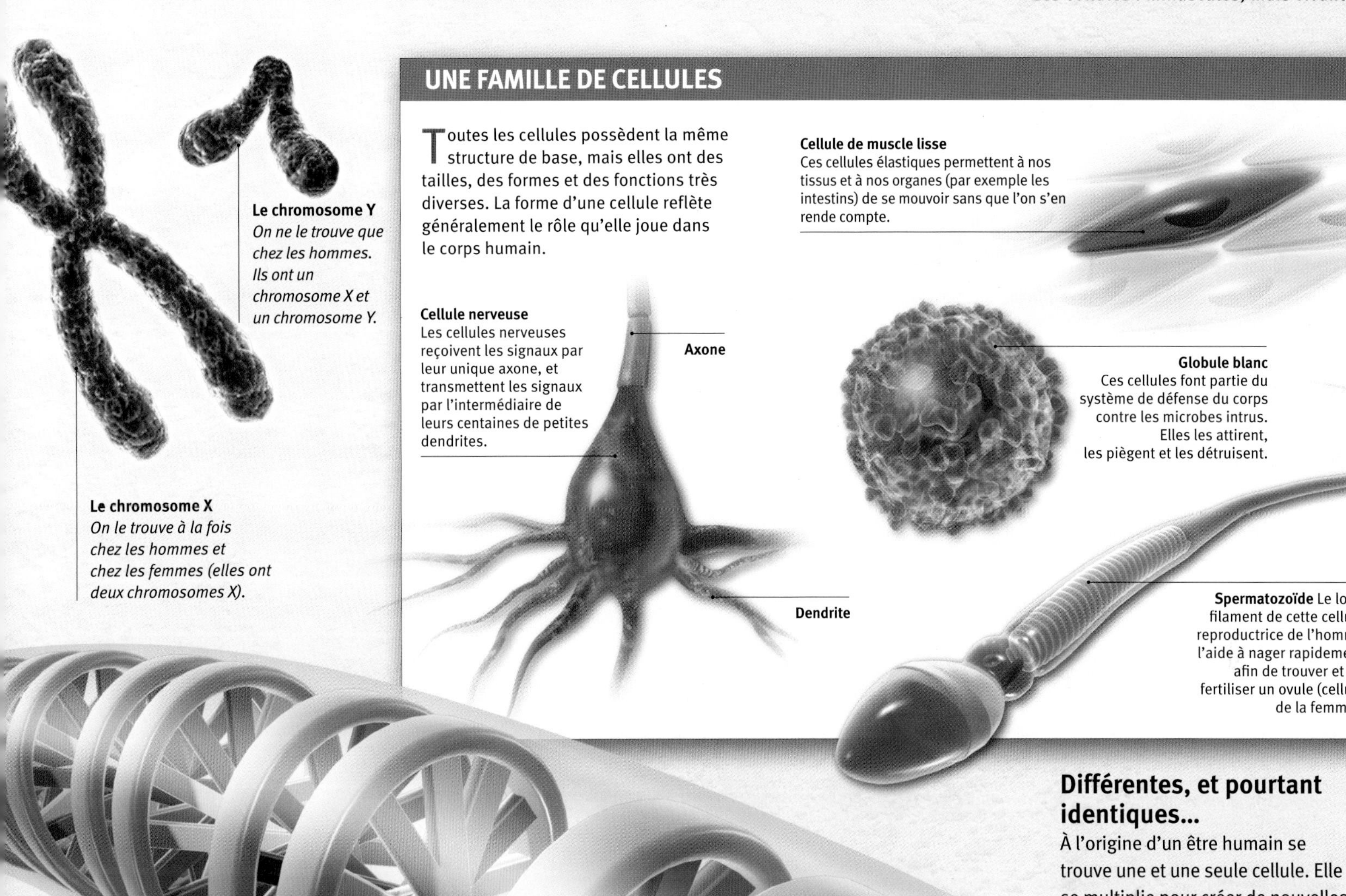

Le chromosome Y
On ne le trouve que chez les hommes. Ils ont un chromosome X et un chromosome Y.

Le chromosome X
On le trouve à la fois chez les hommes et chez les femmes (elles ont deux chromosomes X).

UNE FAMILLE DE CELLULES

Toutes les cellules possèdent la même structure de base, mais elles ont des tailles, des formes et des fonctions très diverses. La forme d'une cellule reflète généralement le rôle qu'elle joue dans le corps humain.

Cellule de muscle lisse
Ces cellules élastiques permettent à nos tissus et à nos organes (par exemple les intestins) de se mouvoir sans que l'on s'en rende compte.

Cellule nerveuse
Les cellules nerveuses reçoivent les signaux par leur unique axone, et transmettent les signaux par l'intermédiaire de leurs centaines de petites dendrites.

Axone

Dendrite

Globule blanc
Ces cellules font partie du système de défense du corps contre les microbes intrus. Elles les attirent, les piègent et les détruisent.

Spermatozoïde Le long filament de cette cellule reproductrice de l'homme l'aide à nager rapidement afin de trouver et de fertiliser un ovule (cellule de la femme).

Différentes, et pourtant identiques...

À l'origine d'un être humain se trouve une et une seule cellule. Elle se multiplie pour créer de nouvelles cellules. Celles-ci rempliront des fonctions différentes dans le corps, mais contiendront toutes une copie de l'ADN contenu dans le noyau de la toute première cellule.

La membrane cellulaire *contrôle les échanges des substances qui entrent dans la cellule et qui en sortent.*

Le code génétique du corps humain *L'ADN, l'acide désoxyribonucléique, se trouve dans le noyau de la cellule. Il contient des informations codées sur la constitution, le comportement et le fonctionnement des cellules. Chaque individu a son propre ADN.*

Grandir et vieillir

C'est au cours des deux premières années de la vie que le corps humain grandit le plus rapidement. Au même moment, on apprend aussi à marcher et à parler.
La croissance physique se poursuit pendant l'enfance et l'adolescence, jusqu'à l'âge adulte. Une personne atteint généralement sa taille adulte vers 20 ans. Au-delà de cet âge, les nouvelles cellules fabriquées par notre corps servent uniquement à renouveler les cellules mortes. Avec le temps, la production de cellules ralentit progressivement, entraînant l'apparition de signes de vieillissement tels que les rides et les cheveux blancs.

Tout change *L'adolescent a la capacité de penser par lui-même et de prendre des responsabilités. Pendant la puberté, il acquiert peu à peu les caractéristiques physiques de l'âge adulte.*

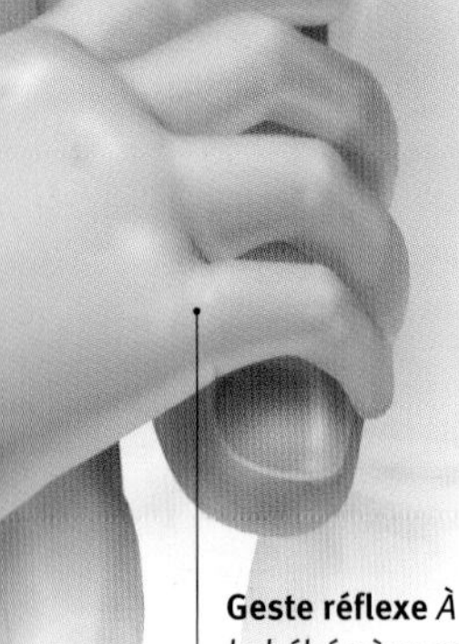

Geste réflexe *À la naissance, le bébé pèse environ 3,5 kg et mesure en moyenne 50 cm. Sa faculté de coordination est réduite, et ses mouvements sont souvent de simples réflexes.*

Plus fort *En grandissant, l'enfant prend du poids et acquiert plus de force. Il devient capable d'effectuer des tâches qui nécessitent des mouvements précis, comme l'écriture et le dessin.*

LES YEUX EN DISENT LONG

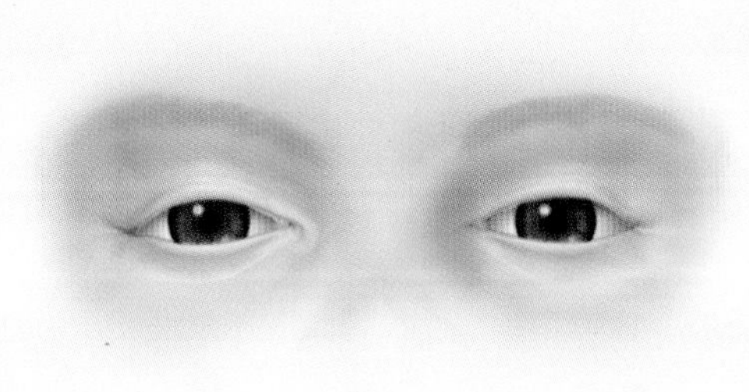

3 ans

15 ans

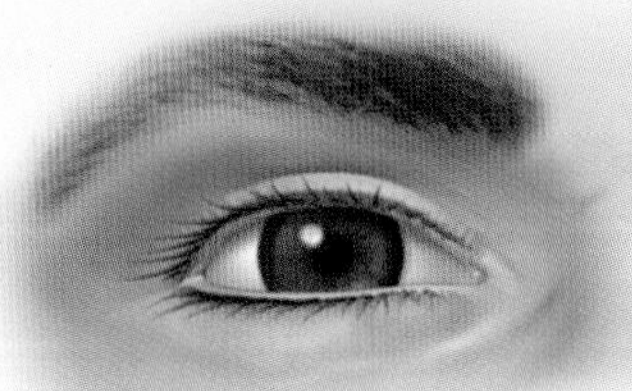

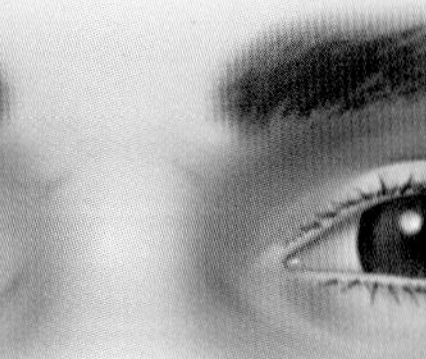

30 ans

La production des cellules ralentit *La cause principale du vieillissement est la diminution de la production de cellules. Cette baisse, au niveau musculaire, se traduit par une diminution de la force ; au niveau du squelette, par une fragilisation des os ; et dans le cerveau, par une réduction du nombre des cellules qui peut engendrer des pertes de mémoire.*

Croissance stoppée *L'adulte arrivé au terme de sa croissance est 20 fois plus grand qu'un nouveau-né. L'exercice physique et le sport peuvent accroître la force, l'endurance et la souplesse d'un individu, mais ne peuvent pas modifier sa taille.*

Les grandes étapes du développement

Au cours de sa croissance, l'enfant franchit plusieurs grandes étapes de son développement.
En général, il sait se tenir assis à 6 mois, il prononce ses premiers mots à 1 an et il court sans tomber à l'âge de 2 ans.

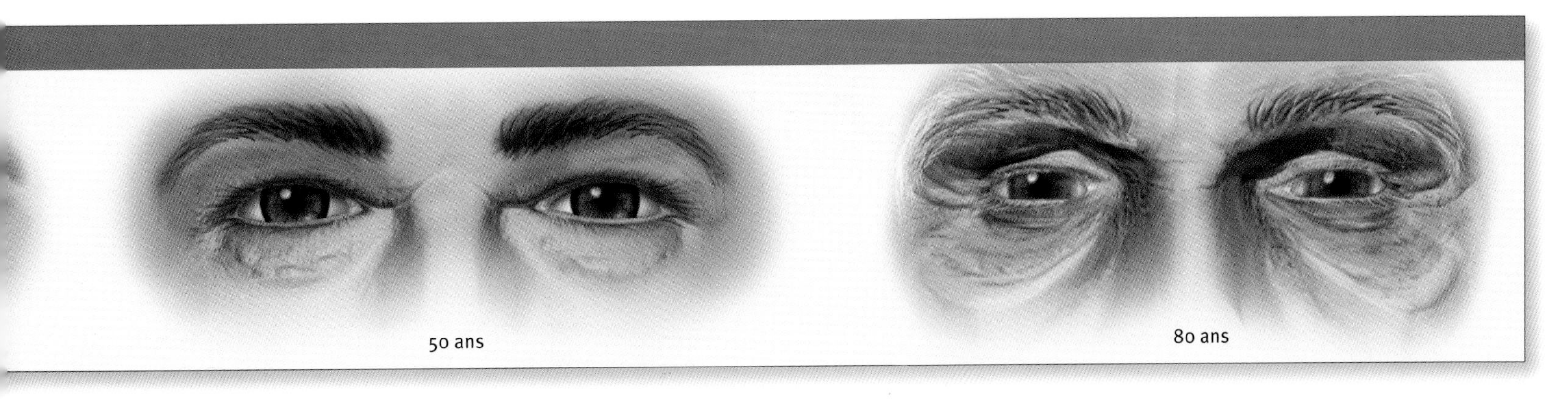

50 ans

80 ans

Chronologie des connaissances médicales

DANS LA PRÉHISTOIRE ET L'ANTIQUITÉ

Des vestiges datant de 50 000 ans prouvent que les hommes de l'époque tentaient déjà de remettre les os fracturés dans leur position d'origine. Dans l'Antiquité, la médecine relevait plus de la religion que de la science.

Peinture ornant la caverne d'un sorcier.

L'opium, extrait du pavot, était utilisé pour soulager la douleur.

Les points de l'acupuncture chinoise.

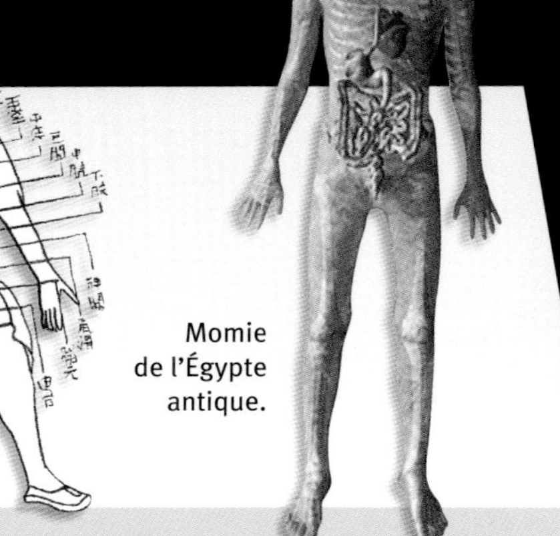

Momie de l'Égypte antique.

CHEZ LES GRECS ET LES ROMAINS

La médecine occidentale vit le jour lorsque les Grecs et les Romains dépassèrent les superstitions pour tenter d'élucider le fonctionnement du corps humain.

Hippocrate, père de la médecine occidentale.

Les quatre humeurs.

Claude Galien (129-199 apr. J.-C.) est l'auteur de nombreux écrits sur le corps humain.

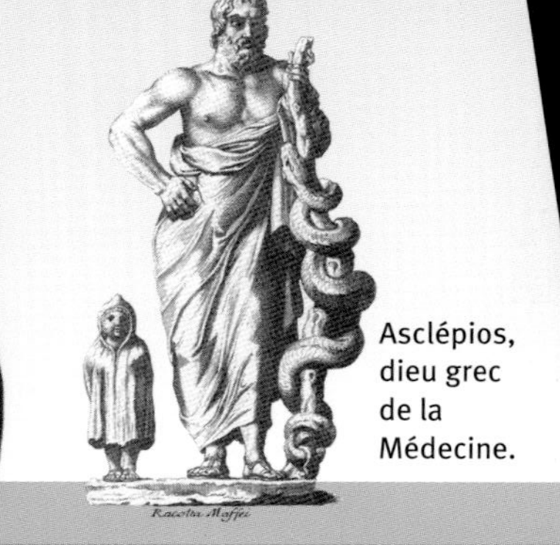

Asclépios, dieu grec de la Médecine.

CHEZ LES ARABES

L'Empire ottoman, manifestant un intérêt croissant pour la médecine, fit progresser les connaissances générales sur les maladies et sur les remèdes.

Rhazès (ou al-Razi), médecin perse.

Certaines plantes, tel le gingembre, constituaient de précieux remèdes.

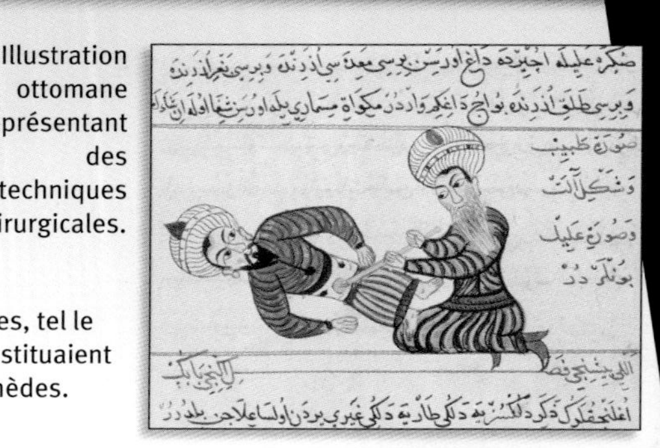

Illustration ottomane représentant des techniques chirurgicales.

La médecine au Moyen Âge combinait remèdes populaires, superstition païenne et magie. On continuait de voir la maladie comme le résultat d'un déséquilibre entre plusieurs éléments

Sangsues, utilisées pour les saignées.

L'astrologie était considérée comme une branche de la médecine.

Amulette destinée à protéger les corps contre la grande peste (1346-1347).

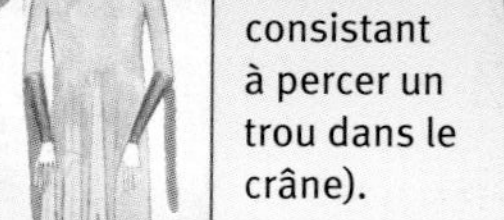

Trépanation (opération consistant à percer un trou dans le crâne).

AU MOYEN ÂGE

À LA RENAISSANCE

Dans les années 1500, artistes et scientifiques s'affranchirent des traditions religieuses et se rapprochèrent de la nature. Il en résulta une meilleure compréhension du corps humain et de son fonctionnement.

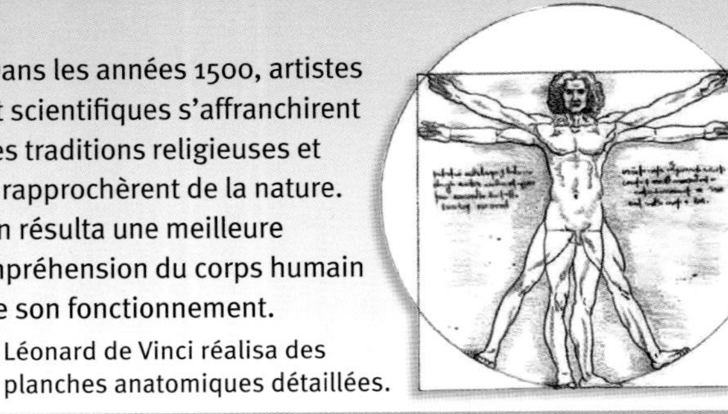

Léonard de Vinci réalisa des planches anatomiques détaillées.

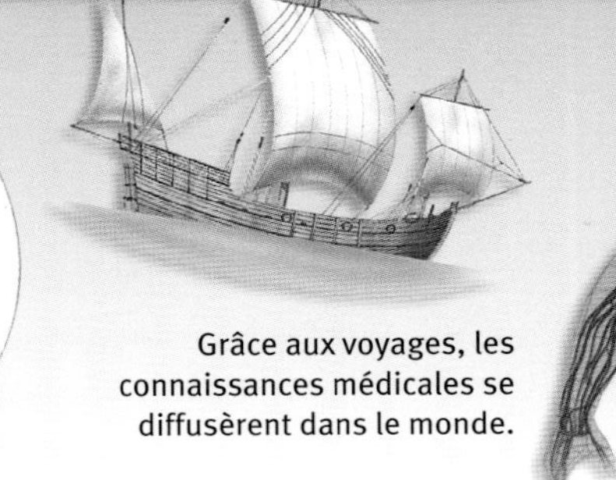

Grâce aux voyages, les connaissances médicales se diffusèrent dans le monde.

William Harvey découvrit le mécanisme de la circulation sanguine (1616).

Les écoles de médecine commencèrent à enseigner l'anatomie.

AUX XVIIIE ET XIXE SIÈCLES

La chirurgie militaire connut un essor considérable au cours des XVIIIe et XIXe siècles. Elle permit de grandes découvertes, notamment en anatomie et en anesthésie.

Florence Nightingale

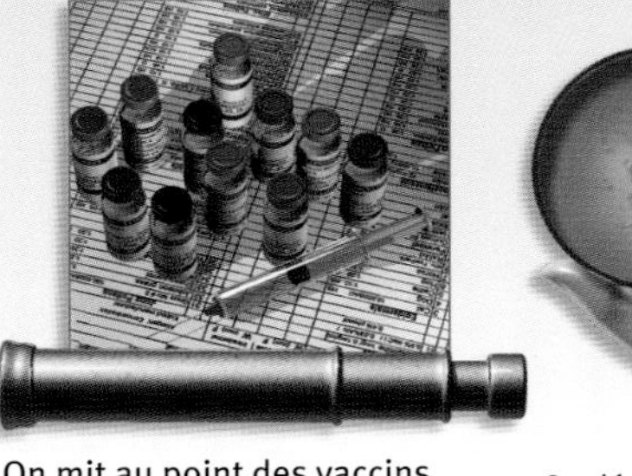

On mit au point des vaccins, notamment contre la variole.

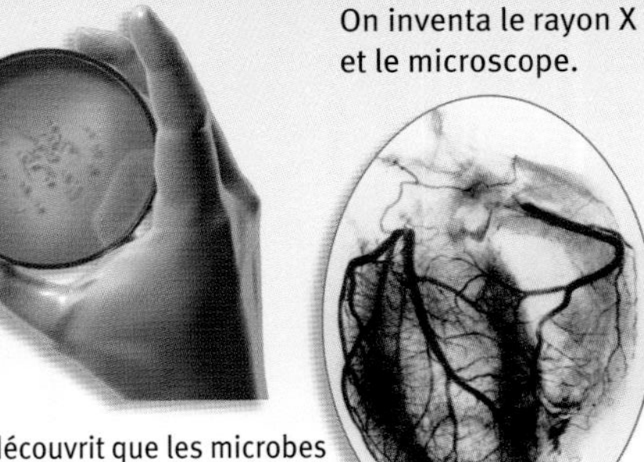

On découvrit que les microbes étaient la cause des infections.

On inventa le rayon X et le microscope.

On utilisa le chloroforme pour l'anesthésie.

AU XXE SIÈCLE

Au XXe siècle, on a fait des découvertes fondamentales, diagnostiqué des maladies et mis au point de nouveaux traitements et médicaments. Dans les pays industrialisés, l'espérance de vie a considérablement augmenté.

Découverte des groupes sanguins.

Christiaan Barnard réalisa la première greffe du cœur (1967).

Alexander Fleming découvrit la pénicilline (1929).

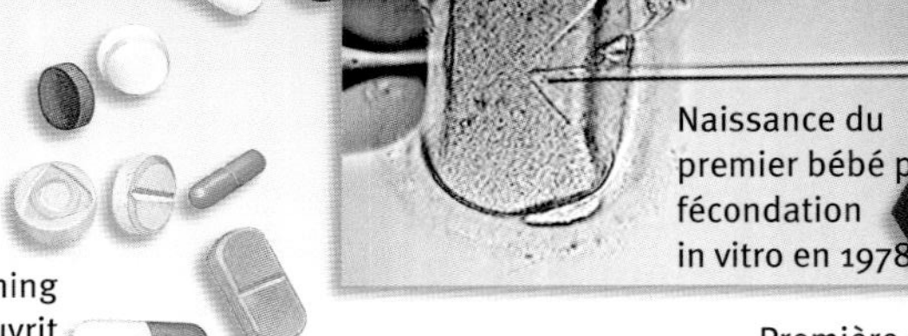

Naissance du premier bébé par fécondation in vitro en 1978.

Première mise en évidence du virus du SIDA (début des années 1980).

AU XXIE SIÈCLE

Tandis que les traitements génétiques et le clonage font les gros titres de la presse, la recherche scientifique continue à chercher des traitements adéquats pour guérir des maladies qui existent depuis toujours, telles que le diabète, et le cancer.

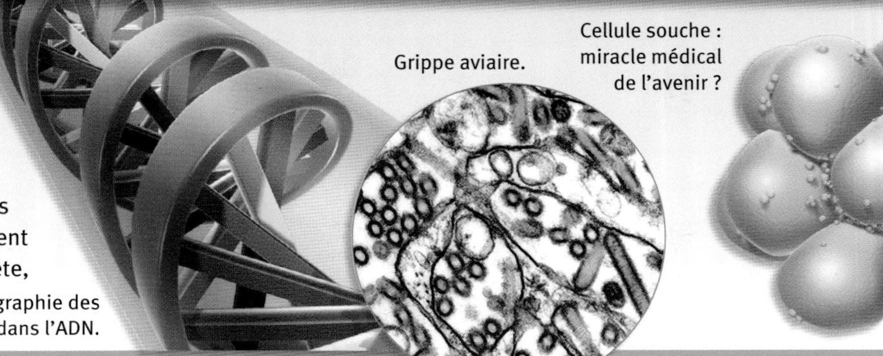

Cartographie des gènes dans l'ADN.

Grippe aviaire.

Cellule souche : miracle médical de l'avenir ?

Dolly, le premier mammifère cloné (1997).

Le corps bionique

La technologie vient en aide aux personnes qui, à la suite d'une maladie ou d'un accident, ont un organe ou un membre défaillant. On peut remplacer les articulations et les dents par des matériaux synthétiques. Pour d'autres parties du corps, en revanche, on a recours à des transplantations. Par exemple, on peut greffer à un malade le cœur ou la cornée d'une personne qui vient de mourir. En revanche, pour ce qui est du sang, de la moelle et même d'un rein, les donneurs doivent être vivants. Il arrive aussi qu'on prélève une partie du corps du patient lui-même : c'est le cas des greffes de peau.

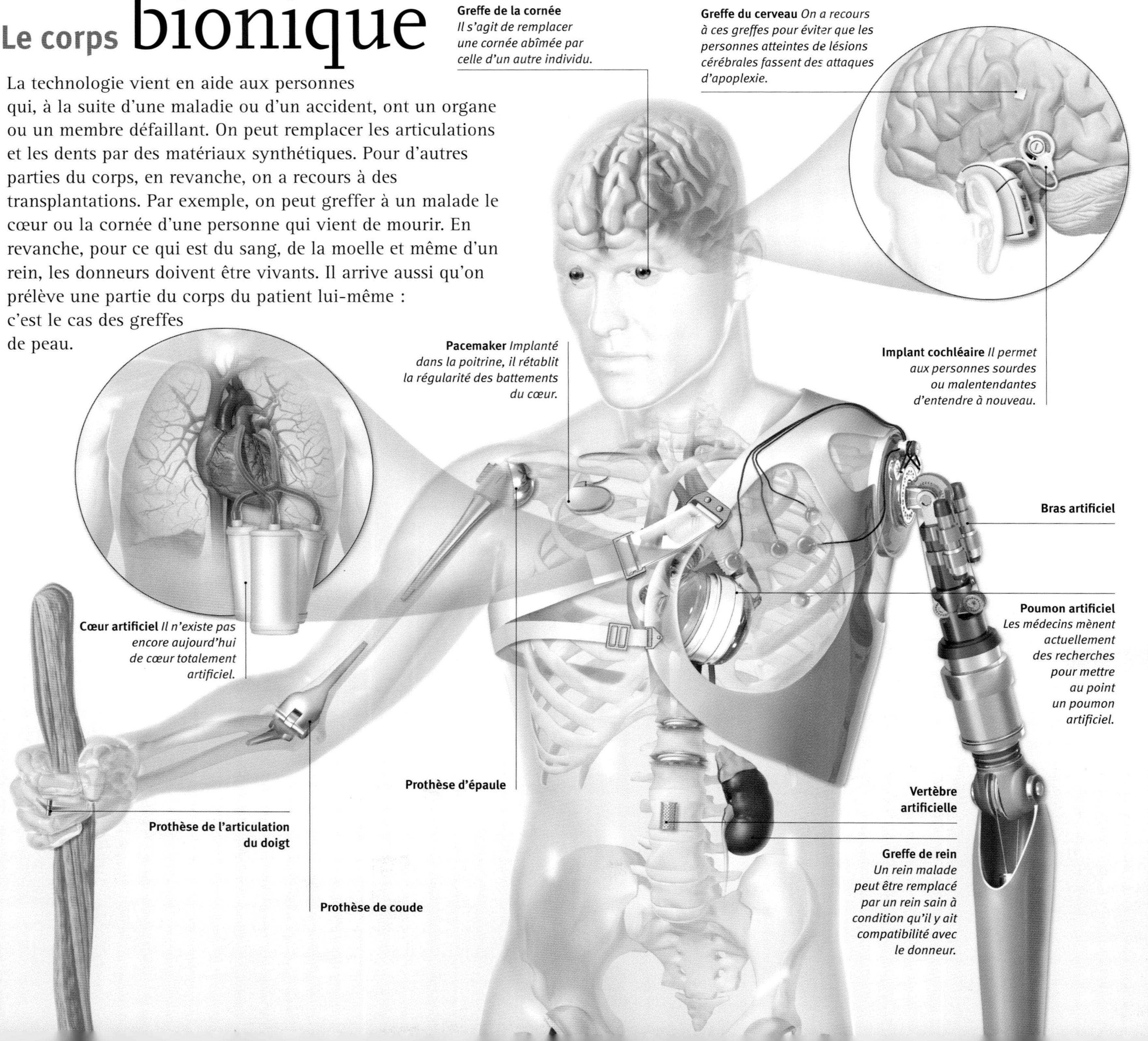

Greffe de la cornée *Il s'agit de remplacer une cornée abîmée par celle d'un autre individu.*

Greffe du cerveau *On a recours à ces greffes pour éviter que les personnes atteintes de lésions cérébrales fassent des attaques d'apoplexie.*

Pacemaker *Implanté dans la poitrine, il rétablit la régularité des battements du cœur.*

Implant cochléaire *Il permet aux personnes sourdes ou malentendantes d'entendre à nouveau.*

Bras artificiel

Cœur artificiel *Il n'existe pas encore aujourd'hui de cœur totalement artificiel.*

Poumon artificiel *Les médecins mènent actuellement des recherches pour mettre au point un poumon artificiel.*

Prothèse d'épaule

Vertèbre artificielle

Prothèse de l'articulation du doigt

Greffe de rein *Un rein malade peut être remplacé par un rein sain à condition qu'il y ait compatibilité avec le donneur.*

Prothèse de coude

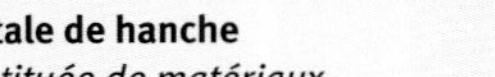

Prothèse totale de hanche *Elle est constituée de matériaux synthétiques très résistants qui permettent de créer une articulation sphérique.*

Canne *Malgré les progrès technologiques, la canne reste ce qu'il y a de plus efficace pour aider l'homme à marcher.*

Jambe artificielle *Elle est dotée d'une articulation charnière qui lui donne un aspect très ressemblant.*

Main artificielle *Cette prothèse en partie électronique permet à la main de bouger.*

Greffe de moelle osseuse *La greffe de moelle osseuse, prélevée chez un donneur vivant, apporte des cellules neuves et saines au malade.*

Prothèse totale de genou

Greffe de peau *On peut prélever de la peau sur une autre partie du corps du patient ou bien utiliser un matériau synthétique.*

Prothèse de cheville

Prothèse articulaire d'orteil

Miracles électroniques

Les appareils destinés à remplacer une partie malade de l'organisme sont très perfectionnés. L'implant cochléaire, qui remplace une oreille interne malade, convertit les sons qui lui parviennent en impulsions électriques, lesquelles sont ensuite réinterprétées par le cerveau. De la même façon, le pacemaker agit en envoyant des impulsions au cœur du malade.

Vue de l'intérieur

Dans l'Antiquité et au Moyen Âge, le fonctionnement du corps humain demeurait un mystère, qu'on expliquait souvent par la superstition et la religion. En Europe, c'est seulement à la Renaissance, dans les années 1500, que les scientifiques ont commencé à remettre en question ces croyances et se sont mis à disséquer des cadavres afin de comprendre comment fonctionnait le corps. En 1895, grâce à l'invention des rayons X, les médecins furent capables d'observer ce qui se passe sous la peau sans avoir à opérer le patient. Depuis lors, de nouvelles technologies ne cessent d'apparaître, fournissant toujours plus de renseignements sur le corps humain.

Homme *Cette image obtenue par IRM est constituée de plusieurs images que l'ordinateur combine.*

LE COMPRIMÉ-CAMÉRA

Une micro-caméra de la taille d'un comprimé a été récemment mise au point afin d'observer le système digestif d'un patient. Celui-ci avale le comprimé, et les images numériques sont envoyées par la caméra sur un disque dur.

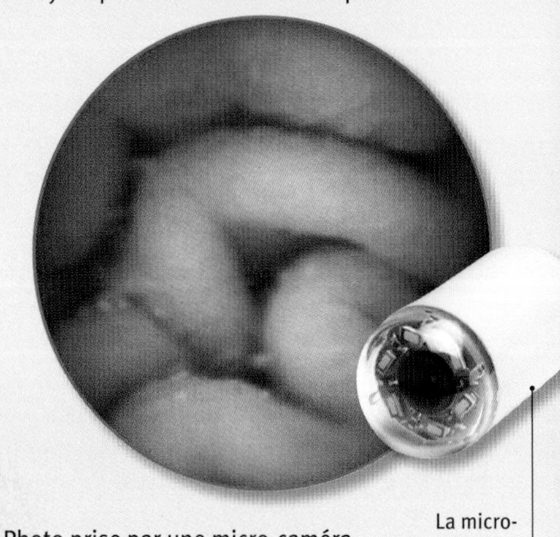

Photo prise par une micro-caméra, montrant la paroi de l'estomac.

La micro-caméra, à taille réelle.

Comment voir ?

Il y a plusieurs méthodes pour observer l'intérieur du corps. Ainsi, le scanner utilise les rayons X, l'échographie se sert des ultrasons, et l'IRM, l'imagerie par résonance magnétique, utilise un champ magnétique intense et des ondes radio.

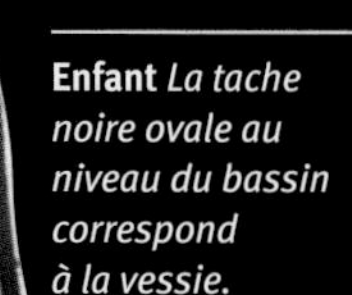

Enfant *La tache noire ovale au niveau du bassin correspond à la vessie.*

Les os *Les zones blanches correspondent aux os.*

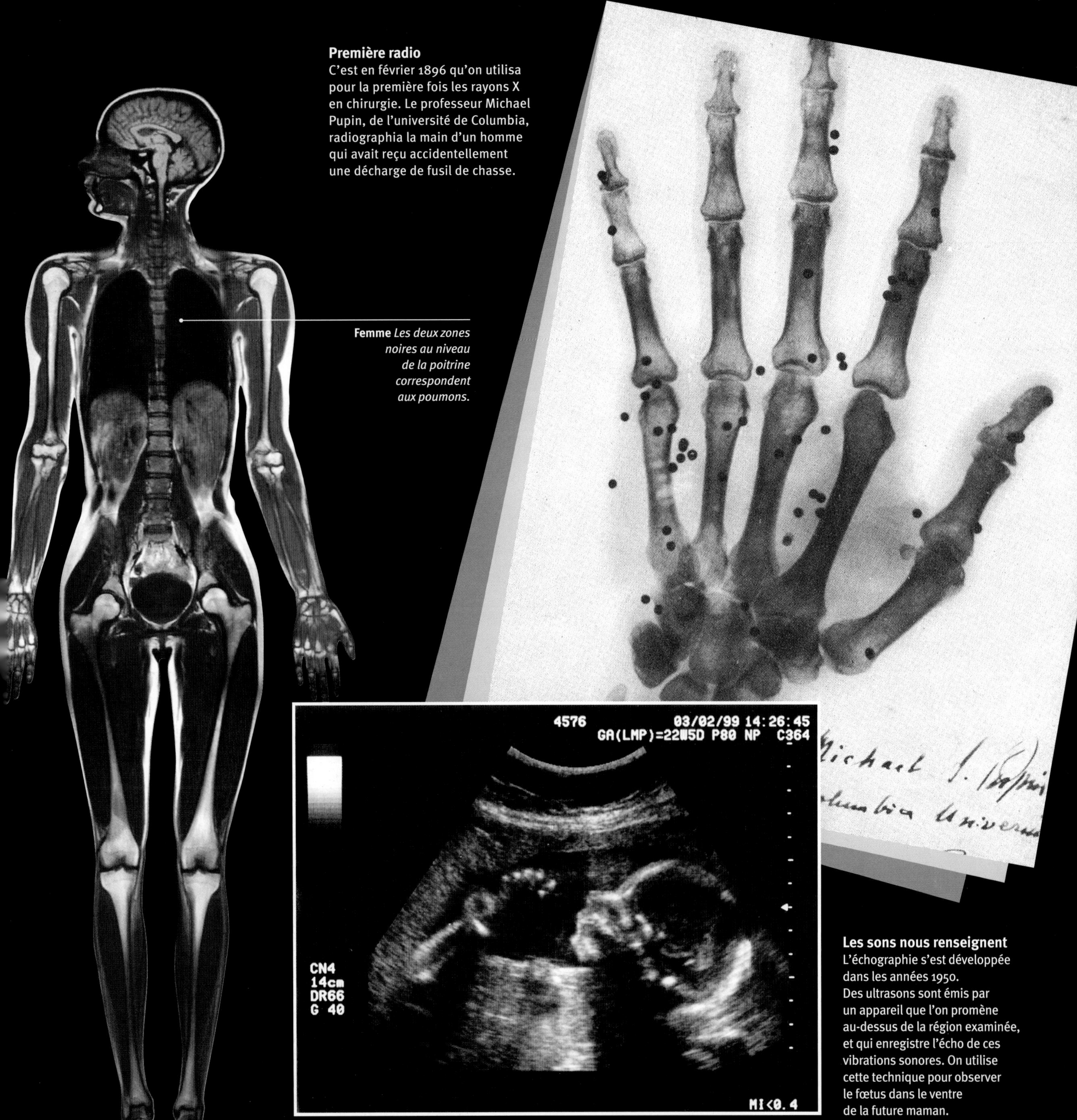

Première radio
C'est en février 1896 qu'on utilisa pour la première fois les rayons X en chirurgie. Le professeur Michael Pupin, de l'université de Columbia, radiographia la main d'un homme qui avait reçu accidentellement une décharge de fusil de chasse.

Femme *Les deux zones noires au niveau de la poitrine correspondent aux poumons.*

Les sons nous renseignent
L'échographie s'est développée dans les années 1950. Des ultrasons sont émis par un appareil que l'on promène au-dessus de la région examinée, et qui enregistre l'écho de ces vibrations sonores. On utilise cette technique pour observer le fœtus dans le ventre de la future maman.

Le squelette

Le squelette est la structure osseuse interne du corps : il constitue son support. En moyenne, un squelette d'adulte contient 206 os. Celui d'un nouveau-né en comporte plus de 300. Pendant la croissance, leur nombre diminue car les os s'allongent, se fortifient, et certains fusionnent. Les os sont de formes et de tailles très diverses. Les plus longs et les plus solides se trouvent dans les membres inférieurs. La totalité des os d'un individu représente environ un quart de son poids.

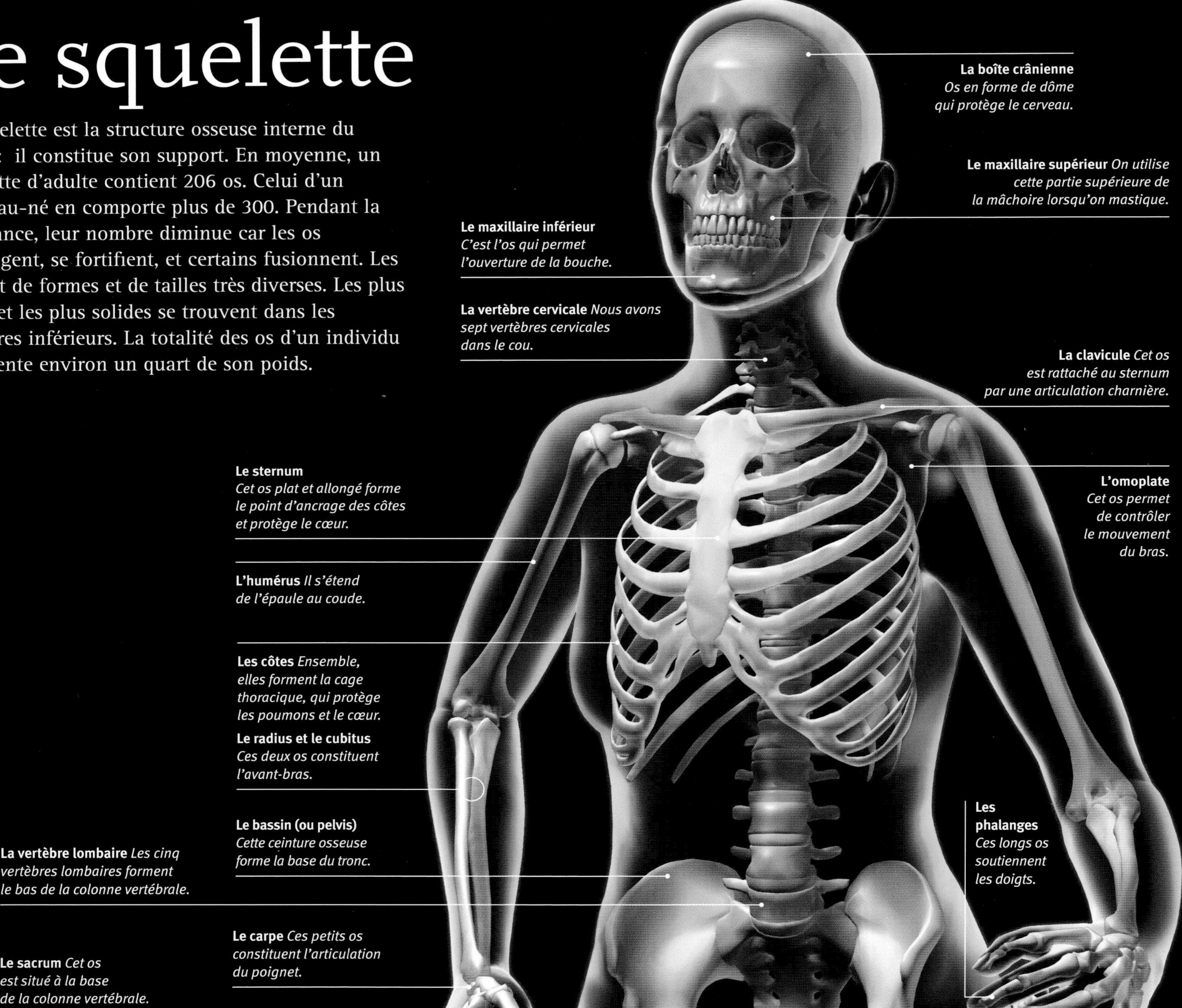

Un bassin adapté à la maternité
L'ouverture située au centre du bassin de la femme, appelée cavité pelvienne, est beaucoup plus évasée que chez l'homme. Elle permet le passage de l'enfant à la naissance. Le schéma ci-dessous représente le bassin de l'homme. Celui de la femme correspond au trait rose.

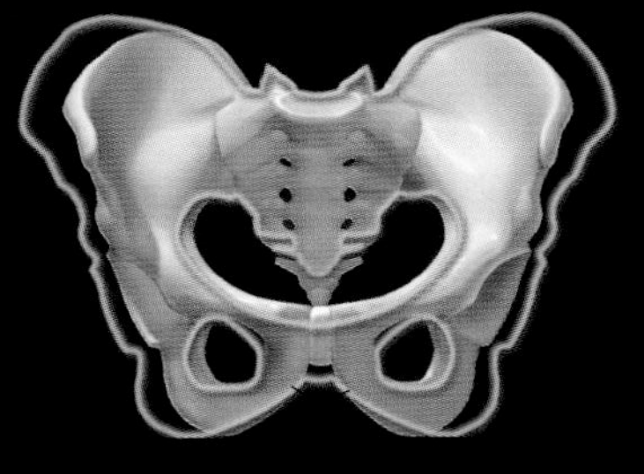

VUE DE DOS

La colonne vertébrale est composée de 33 vertèbres, séparées par des disques, résistants et élastiques, qui absorbent les chocs. Ces disques, constitués de cartilage, représentent 25 % de la longueur de la colonne vertébrale.

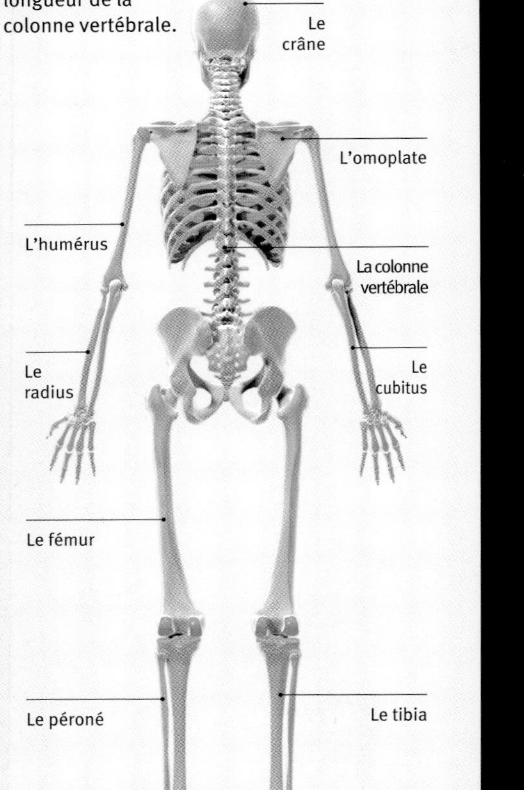

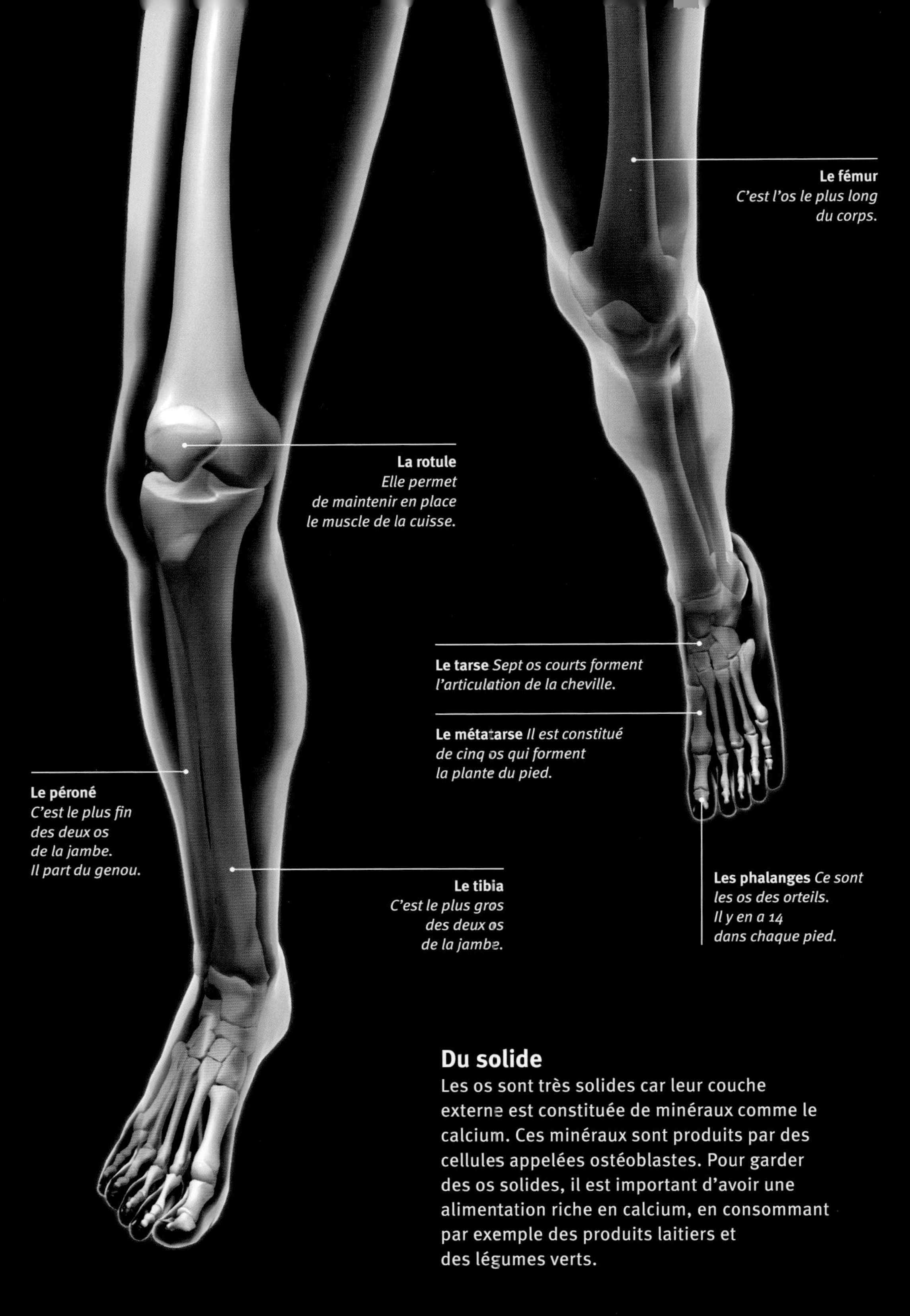

Du solide

Les os sont très solides car leur couche externe est constituée de minéraux comme le calcium. Ces minéraux sont produits par des cellules appelées ostéoblastes. Pour garder des os solides, il est important d'avoir une alimentation riche en calcium, en consommant par exemple des produits laitiers et des légumes verts.

Les os

Bien que les os semblent durs, secs et rigides, ce sont en fait des tissus vivants qui contiennent des vaisseaux sanguins, des nerfs et des cellules. Leur rôle ne se limite pas à être la charpente du corps ; ils servent aussi à protéger les organes internes et à produire des cellules sanguines. Comme les os sont des tissus vivants, de nouvelles cellules osseuses sont fabriquées en permanence pour remplacer celles qui meurent. C'est pourquoi un os fracturé a la capacité de se consolider.

PROTECTION OPTIMALE

Les os des articulations sont recouverts d'un tissu translucide et élastique appelé cartilage. Celui-ci protège les os et facilite le mouvement des articulations, comme le genou.

Cartilage

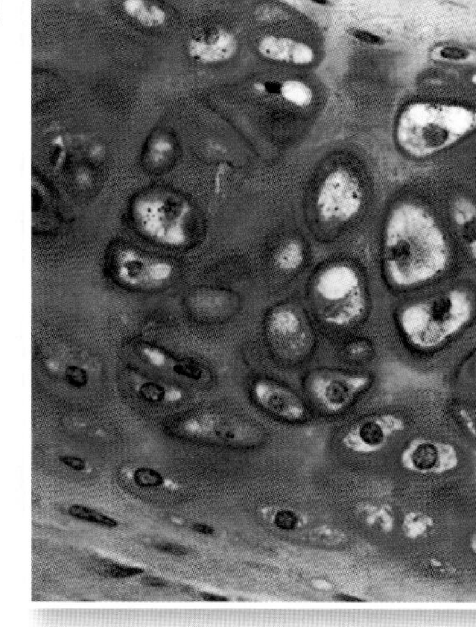

Nombreuses fonctions Le cartilage ne facilite pas seulement les mouvements des articulations. Il donne également solidité et forme au nez, aux oreilles et aux bronches.

Une question de taille *Le fémur est le plus grand des os du corps. Il peut mesurer jusqu'à 45 cm de longueur.*

La phalange distale

La phalange centrale

La phalange proximale

Le métacarpe

Le carpe

Le scaphoïde

Canal médullaire *Partie centrale de l'os qui renferme la moelle osseuse.*

Multitâches *La moelle osseuse est une substance gélatineuse qui produit les cellules constituant les os, le sang et la lymphe.*

Vaisseaux sanguins

Un bon support *La coque externe de l'os, dure et dense, s'appelle l'os compact. Solide, elle permet le soutien du corps.*

Tout petit mais important *L'étrier, qui se trouve dans l'oreille, est le plus petit os du corps.*

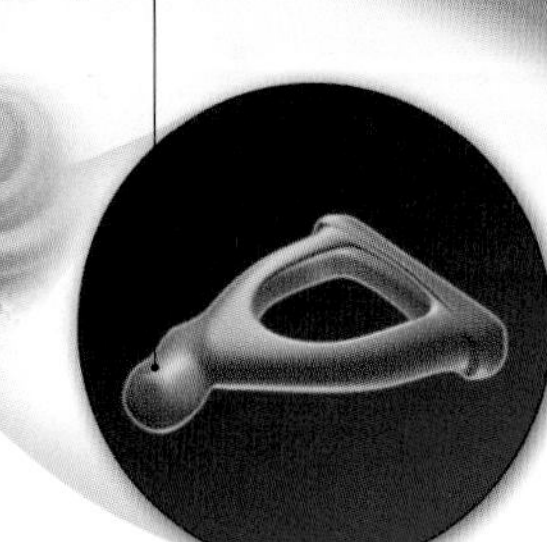

Gros plan sur le bras

L'épaule, le bras et la main sont extrêmement flexibles. Ils nous permettent d'effectuer de multiples gestes, comme lancer un ballon, écrire ou jouer d'un instrument. Cette flexibilité résulte de la coordination des os, des articulations et des muscles qui constituent notre membre supérieur.

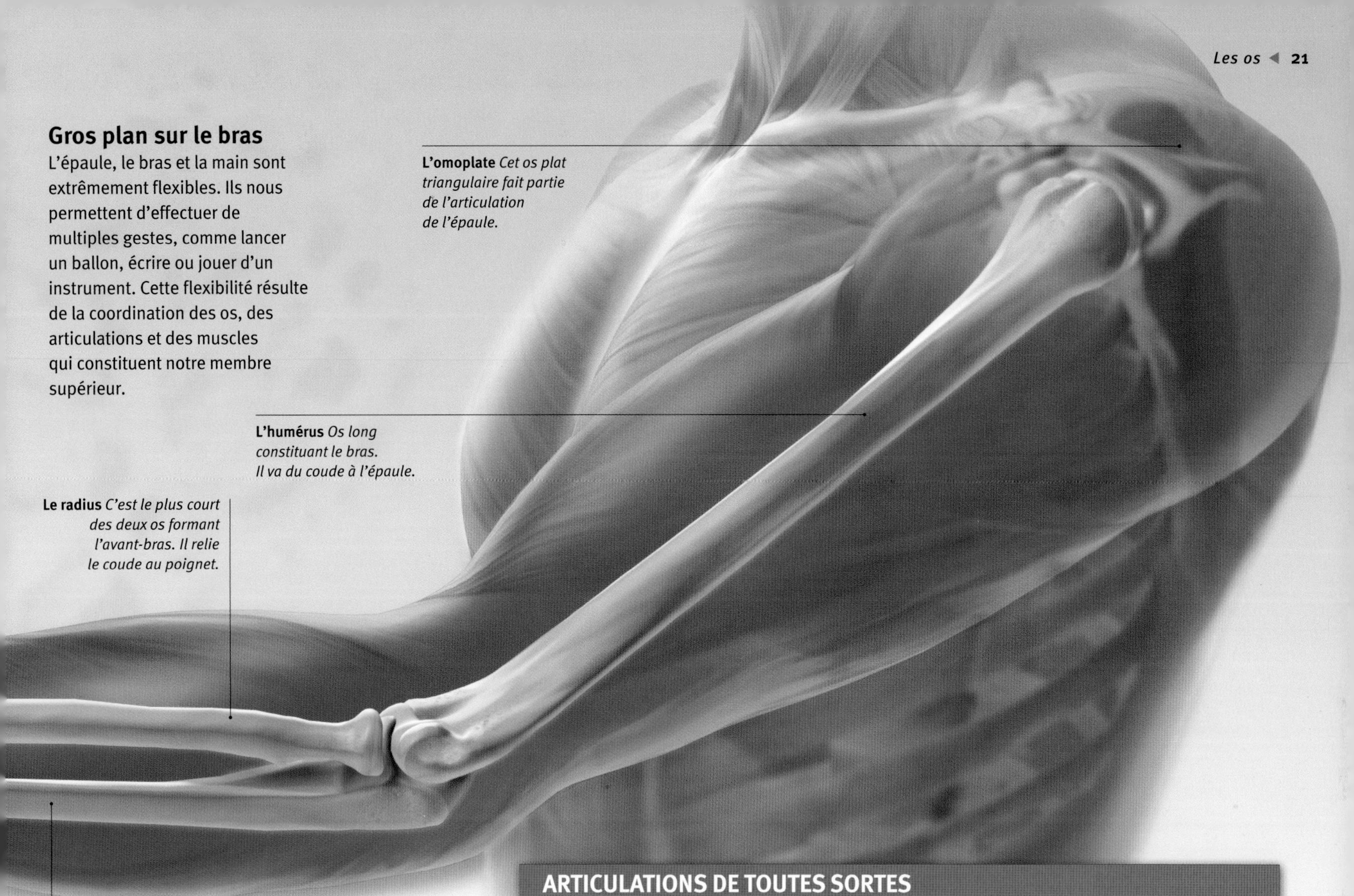

L'omoplate *Cet os plat triangulaire fait partie de l'articulation de l'épaule.*

L'humérus *Os long constituant le bras. Il va du coude à l'épaule.*

Le radius *C'est le plus court des deux os formant l'avant-bras. Il relie le coude au poignet.*

Le cubitus *C'est le plus long des deux os constituant l'avant-bras.*

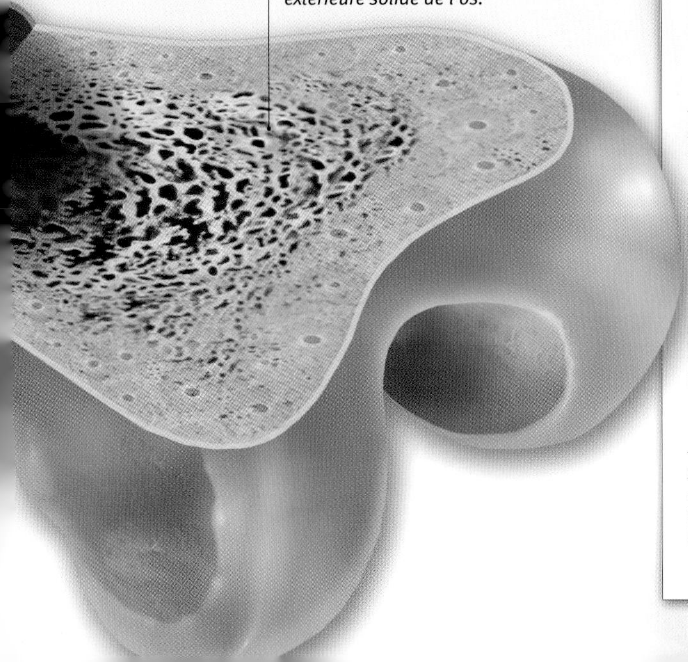

Poids plume *L'os spongieux est la partie la plus élastique et légère du tissu osseux. Elle a une structure en nid d'abeille et se cache sous la couche extérieure solide de l'os.*

ARTICULATIONS DE TOUTES SORTES

Une articulation est l'endroit où deux os (ou plus) sont en contact. Chaque os du corps humain est relié à un autre os, à l'exception de l'os hyoïde situé dans le cou. Les articulations jouent un rôle essentiel et doivent être assez solides pour résister à l'usure.

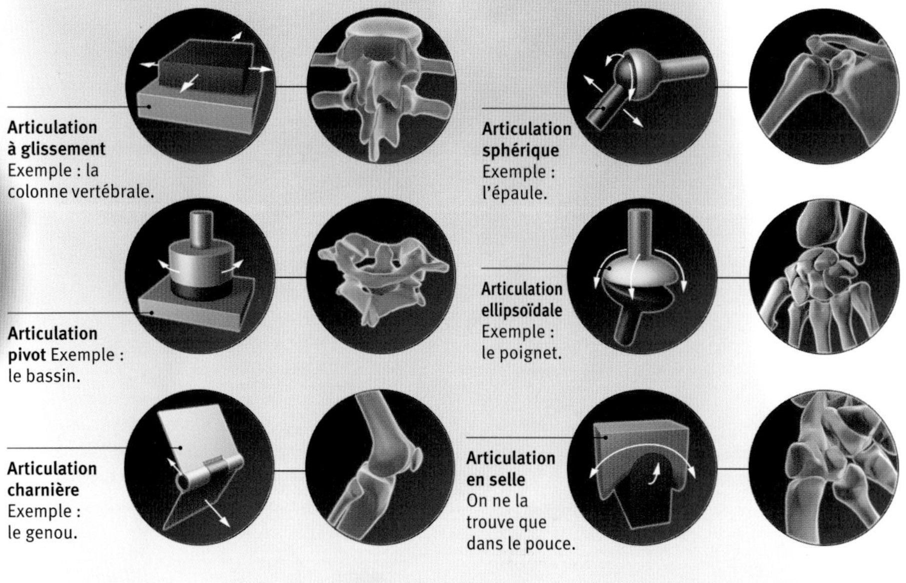

Articulation à glissement Exemple : la colonne vertébrale.

Articulation sphérique Exemple : l'épaule.

Articulation pivot Exemple : le bassin.

Articulation ellipsoïdale Exemple : le poignet.

Articulation charnière Exemple : le genou.

Articulation en selle On ne la trouve que dans le pouce.

Les muscles

Le corps humain contient plus de 600 muscles de trois types différents : les muscles squelettiques, les muscles lisses et le muscle cardiaque. La plupart sont des muscles squelettiques dont nous contrôlons le mouvement en bougeant. Les muscles lisses sont ceux qui se meuvent indépendamment de notre volonté ; on les trouve dans les organes internes comme la vessie. Le mouvement automatique du muscle cardiaque actionne les battements du cœur.

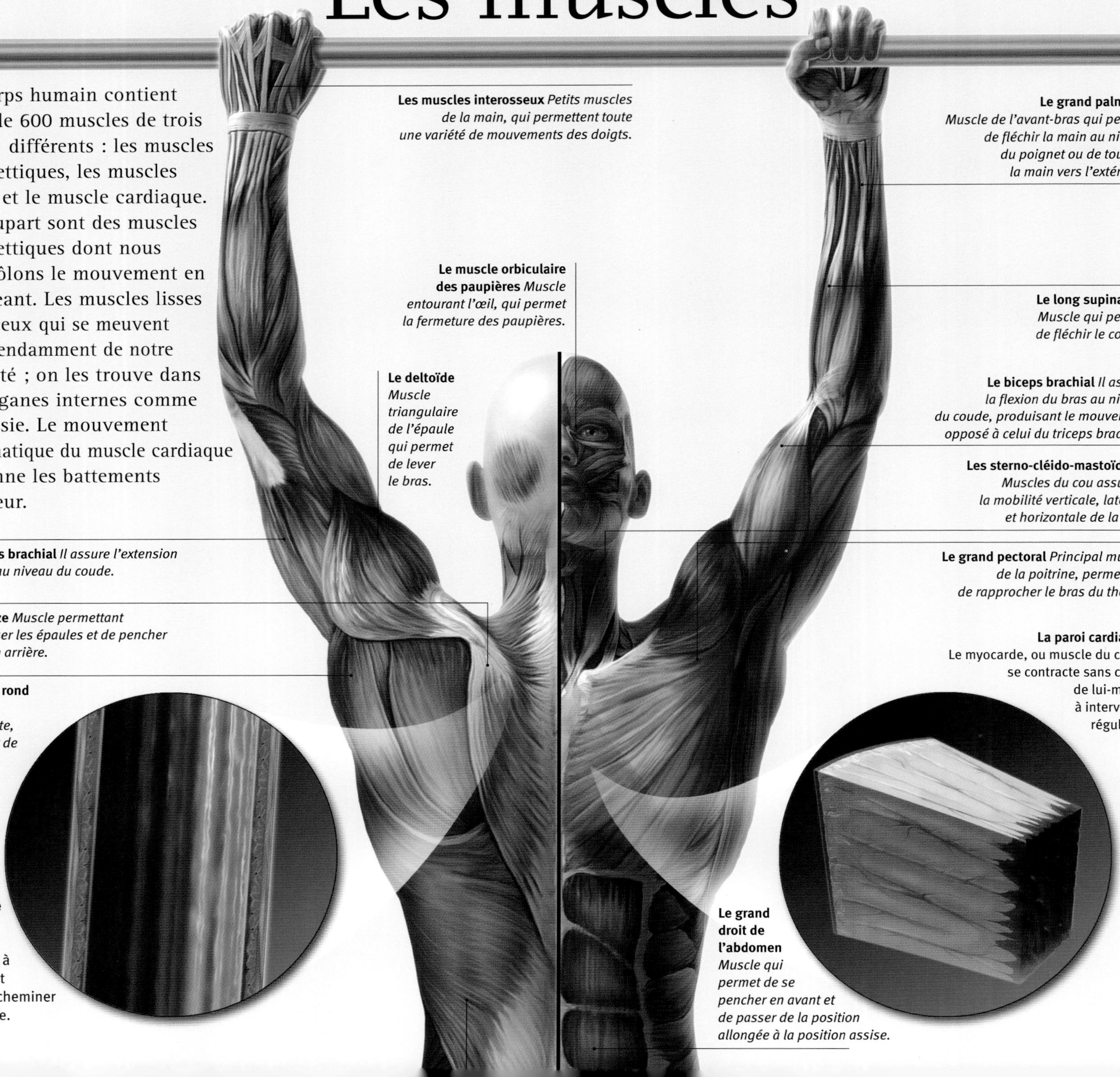

Les muscles interosseux *Petits muscles de la main, qui permettent toute une variété de mouvements des doigts.*

Le muscle orbiculaire des paupières *Muscle entourant l'œil, qui permet la fermeture des paupières.*

Le deltoïde *Muscle triangulaire de l'épaule qui permet de lever le bras.*

Le triceps brachial *Il assure l'extension du bras au niveau du coude.*

Le trapèze *Muscle permettant de hausser les épaules et de pencher la tête en arrière.*

Le grand rond *Relié à l'omoplate, il permet de baisser le bras.*

L'œsophage
Conduit qui s'étend du pharynx à l'estomac et permet d'acheminer la nourriture.

Le grand palmaire *Muscle de l'avant-bras qui permet de fléchir la main au niveau du poignet ou de tourner la main vers l'extérieur.*

Le long supinateur *Muscle qui permet de fléchir le coude.*

Le biceps brachial *Il assure la flexion du bras au niveau du coude, produisant le mouvement opposé à celui du triceps brachial.*

Les sterno-cléido-mastoïdiens *Muscles du cou assurant la mobilité verticale, latérale et horizontale de la tête.*

Le grand pectoral *Principal muscle de la poitrine, permettant de rapprocher le bras du thorax.*

La paroi cardiaque
Le myocarde, ou muscle du cœur, se contracte sans cesse de lui-même à intervalles réguliers.

Le grand droit de l'abdomen *Muscle qui permet de se pencher en avant et de passer de la position allongée à la position assise.*

Le grand dorsal *Large muscle plat et triangulaire du dos qui permet de bouger l'épaule.*

Le grand fessier *Ce muscle assure l'extension* de la cuisse.*

Les ischio-jambiers *Groupe de muscles permettant l'extension de la cuisse et la flexion du genou.*

Les jumeaux interne et externe *Muscles du mollet qui permettent l'extension de la cheville.*

Le muscle soléaire *Le plus petit des deux muscles du mollet.*

Le grand oblique de l'abdomen *Permet l'inclinaison en avant et la rotation du tronc. Il protège les organes situés dans la cavité abdominale.*

Le couturier *Le plus long muscle du corps, il permet notamment de s'asseoir en croisant les jambes.*

Le quadriceps crural *Il est constitué de quatre muscles qui permettent de tendre la jambe.*

Le jambier antérieur *Muscle situé sur la face externe du tibia. Il assure la flexion du pied.*

LES MUSCLES DU VISAGE

Les nombreuses expressions de notre visage sont possibles grâce à la contraction et au relâchement des muscles faciaux, qui sont plus de 50 au total. Certains muscles sont élévateurs, d'autres abaisseurs.

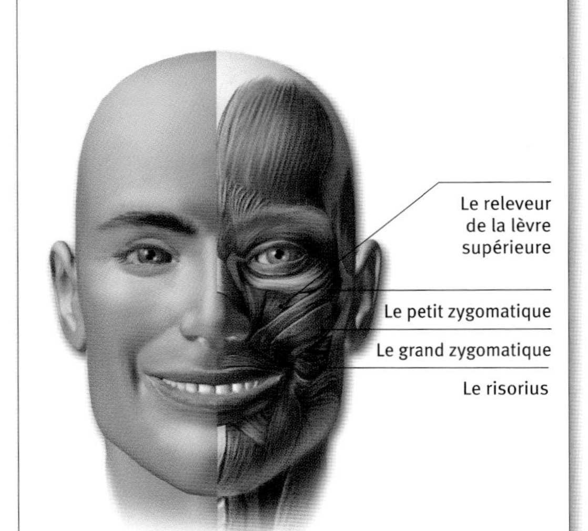

Le sourire Pour sourire, on utilise 12 muscles faciaux, notamment le risorius, le grand zygomatique et le muscle releveur de la lèvre supérieure.

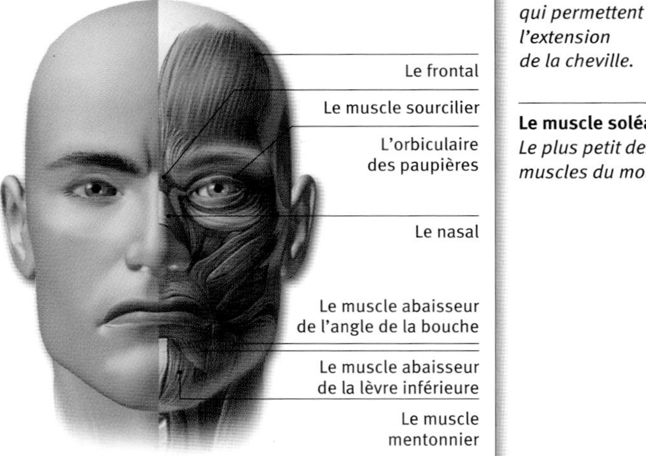

Le froncement de sourcils Contrairement aux idées reçues, on utilise moins de muscles quand on fronce les sourcils que lorsqu'on sourit : 11 muscles en tout, dont le muscle frontal et l'orbiculaire des paupières.

Le muscle

Le fascicule

La fibre musculaire

L'actine

La myosine

La myofibrille

Faisceau musculaire
Les muscles sont constitués de longues cellules cylindriques appelées fibres. Chaque fibre contient une myofibrille en forme de tige qui peut contracter les cellules.

La peau, les cheveux et les ongles

La peau, les cheveux et les ongles recouvrent notre corps. La peau est l'organe le plus étendu et le plus lourd de l'organisme. Chez un adulte, elle correspond à environ 2 m^2 et pèse autour de 5 kg. Elle constitue une défense efficace contre les microbes, mais joue aussi un rôle déterminant dans l'enregistrement des impressions sensorielles, la régulation thermique et l'équilibre en eau et en sel. Les ongles protègent les doigts et les orteils contre les coups et les chocs. Ils poussent de façon ininterrompue. Les cheveux protègent la tête du froid et du soleil. Les cils et les sourcils protègent les yeux de l'eau et des pousssières. Comme les ongles, ils sont constitués de cellules mortes, ce qui explique pourquoi nous n'avons pas mal quand on les coupe.

Épaisseur de la peau *Chez les humains, l'épaisseur de la peau varie entre 0,5 mm sur les paupières et 5 mm sur la plante des pieds.*

DUR COMME UN ONGLE

Les ongles sont des plaques de kératine reliées les unes aux autres. Ils sont principalement constitués de cellules mortes, à l'exception du lit de l'ongle. Les ongles poussent d'environ 5 cm par an.

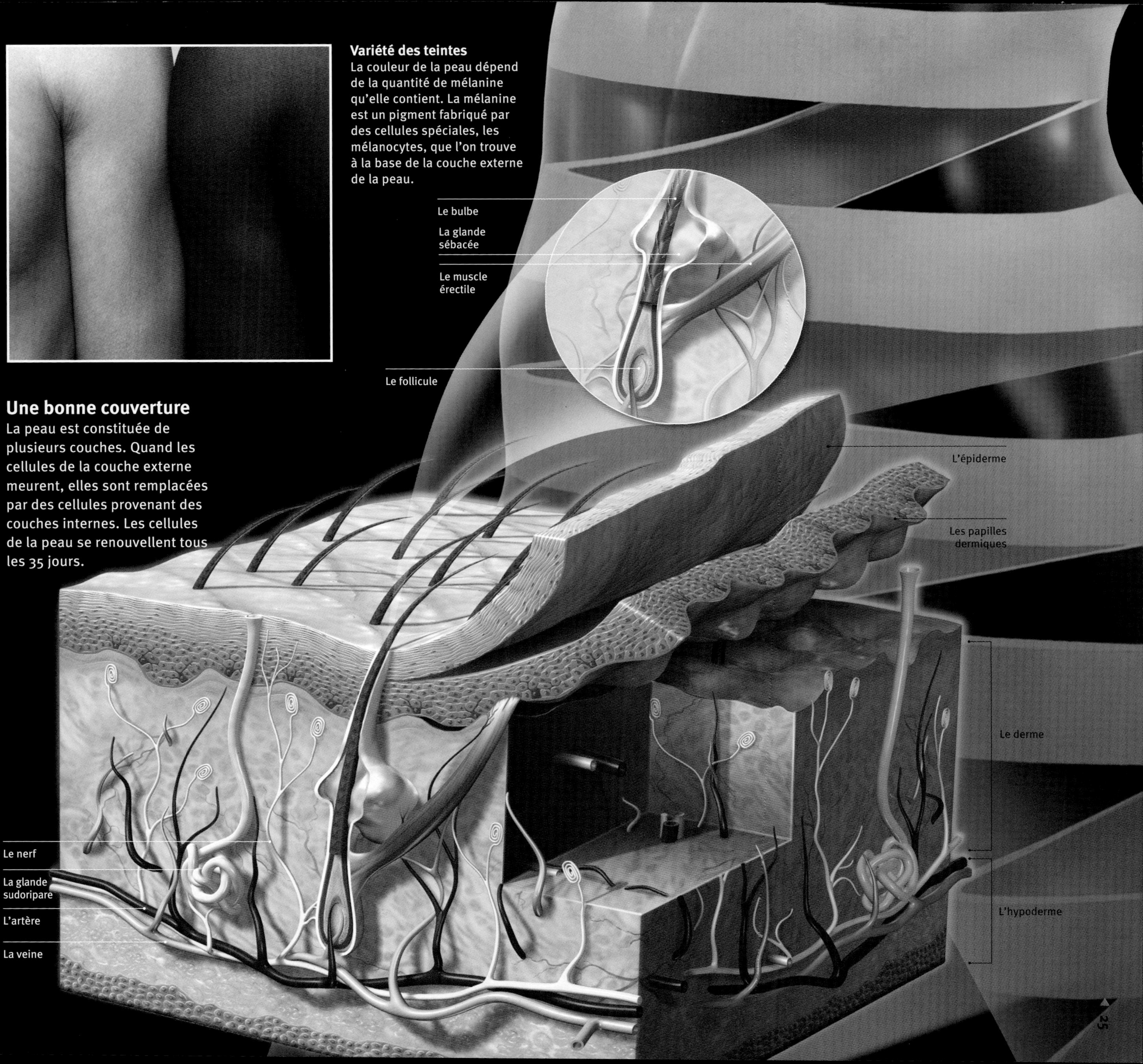

Variété des teintes

La couleur de la peau dépend de la quantité de mélanine qu'elle contient. La mélanine est un pigment fabriqué par des cellules spéciales, les mélanocytes, que l'on trouve à la base de la couche externe de la peau.

Une bonne couverture

La peau est constituée de plusieurs couches. Quand les cellules de la couche externe meurent, elles sont remplacées par des cellules provenant des couches internes. Les cellules de la peau se renouvellent tous les 35 jours.

Le corps en action

Pratiquer un exercice physique, comme la course ou la natation, fait grossir et durcir les muscles. Les muscles fonctionnent en convertissant l'énergie chimique en énergie mécanique. Ils ont constamment besoin d'être « nourris », notamment en glucogène et en oxygène. C'est pourquoi quand nous faisons du sport, notre cœur bat plus vite, pour accroître l'afflux sanguin dans nos muscles. Notre respiration se modifie alors aussi pour absorber davantage d'oxygène.

Sprint 100 m hommes		
1912	Donald Lippincott	10,6 sec
1991	Carl Lewis	9,86 sec
2002	Tim Montgomery	9,78 sec

100 m haies femmes		
1969	Teresa Sukniewicz	13,3 sec
1979	Grazyna Rabsztyn	12,48 sec
1988	Yordanka Donkova	12,21 sec

Plus vite, plus haut, plus loin
Pourquoi les gens courent-ils plus vite, sautent-ils plus haut et lancent-ils des poids plus loin aujourd'hui qu'autrefois ? Il existe de nombreuses raisons possibles, qui vont d'une meilleure alimentation à un entraînement et un équipement de meilleure qualité. Mais les scientifiques pensent que, un jour, l'homme atteindra ses limites en matière de vitesse et de hauteur.

Travail d'équipe

Le corps humain est une machine bien organisée, dont les composants fonctionnent en étroite collaboration pendant une activité physique. Grâce à l'exercice et au sport, on peut rendre son corps plus efficace, donc plus rapide, plus fort et plus endurant.

Les pieds en action Les muscles et les os des pieds fonctionnent de manière coordonnée, un peu comme des palmes.

Sur les pointes *Pour amplifier le mouvement qui part du haut de la cuisse, les pointes de pieds doivent être tendues.*

De petits battements *De petits mouvements rapides juste sous la surface de l'eau sont plus efficaces que des grands mouvements amples.*

Puissance maximale Le grand fessier et le muscle ischio-jambier permettent à la cuisse de se lever et de s'abaisser.

Les hanches *Les muscles du dos et des côtes font rouler les hanches d'un côté puis de l'autre à chaque fois que les bras passent au-dessus de la tête.*

Un bon départ

Le nageur se met en position : il doit être penché en avant et tête baissée. Au signal de départ, il se propulse en avant pour prendre de la vitesse. Au moment de quitter le bord de la piscine, il regarde droit devant lui et projette son corps tendu. Il entre dans l'eau la tête la première, les bras allongés au-dessus de la tête.

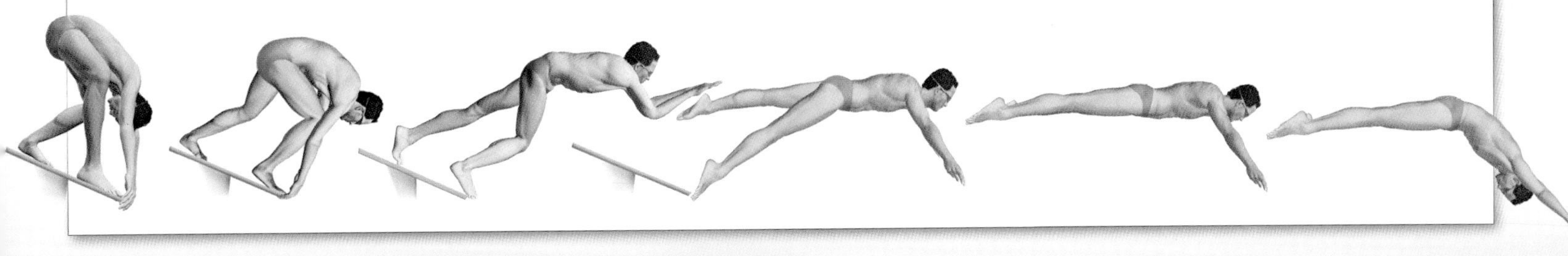

IMPORTANT : il ne faut pas tenter ce plongeon dans des piscines de moins de 1,80 m de profondeur, car on risque de se blesser.

De la force à l'intérieur Le deltoïde dans l'épaule et le triceps dans le haut du bras donnent mobilité et énergie aux bras.

Respirer profondément *Pour respirer quand il nage le crawl, le nageur bouge la tête d'un côté puis de l'autre. Il inspire au moment où il tend le bras et expire quand il ramène son bras vers l'arrière.*

Un bon support *Le torse reste bien étiré pour soutenir la colonne vertébrale et offrir le moins de résistance possible à l'eau.*

Tout autour *Les bras fonctionnent comme des hélices. Les muscles du haut du bras pivotent autour de l'articulation de l'épaule le plus loin possible, puis reviennent en arrière.*

Comme des pagaies *Les mains fonctionnent comme des pagaies, elles poussent l'eau et font avancer le corps.*

Une respiration maîtrisée développe les muscles des poumons et permet de se maintenir en bonne forme. Les poumons se dilatent pour absorber plus d'oxygène.

Les principaux organes

Les organes du corps humain sont constitués d'au moins deux types de tissus : les muscles et les tissus nerveux. Il existe de nombreux organes dans le corps, notamment le cœur, le foie et la peau. Souvent, plusieurs organes font partie d'un même système, qui exécute l'une des fonctions vitales du corps. Parmi les systèmes organiques essentiels, on trouve le système nerveux, le système respiratoire et le système digestif. Aucun de ces systèmes ne peut fonctionner indépendamment des autres.

Un travail d'équipe

La plupart des organes se trouvent dans notre torse. Si l'un d'eux « tombe en panne », le corps ne peut pas continuer à fonctionner. Heureusement, grâce aux progrès de la médecine, de nombreux organes peuvent être remplacés ou assistés par des appareils.

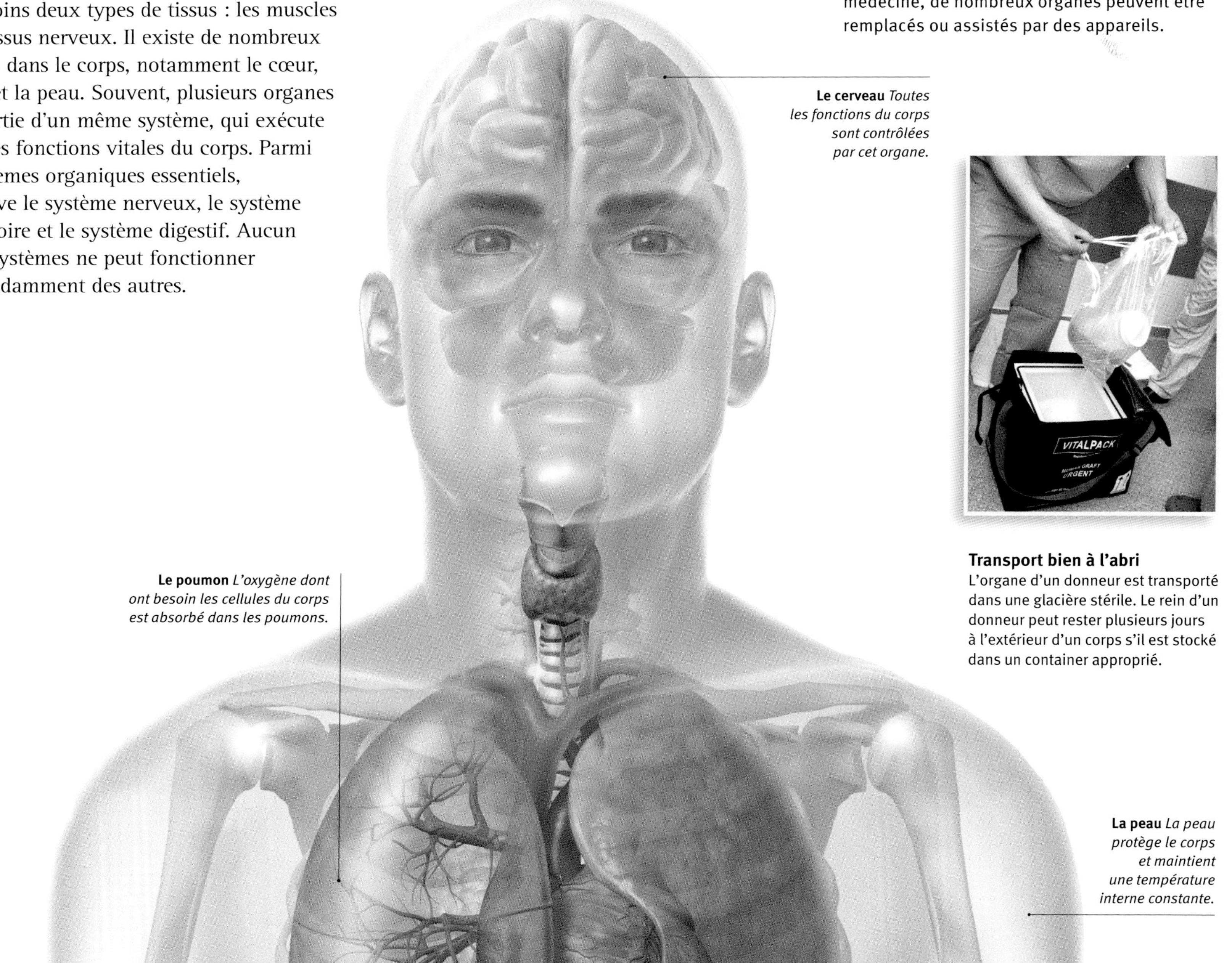

Transport bien à l'abri
L'organe d'un donneur est transporté dans une glacière stérile. Le rein d'un donneur peut rester plusieurs jours à l'extérieur d'un corps s'il est stocké dans un container approprié.

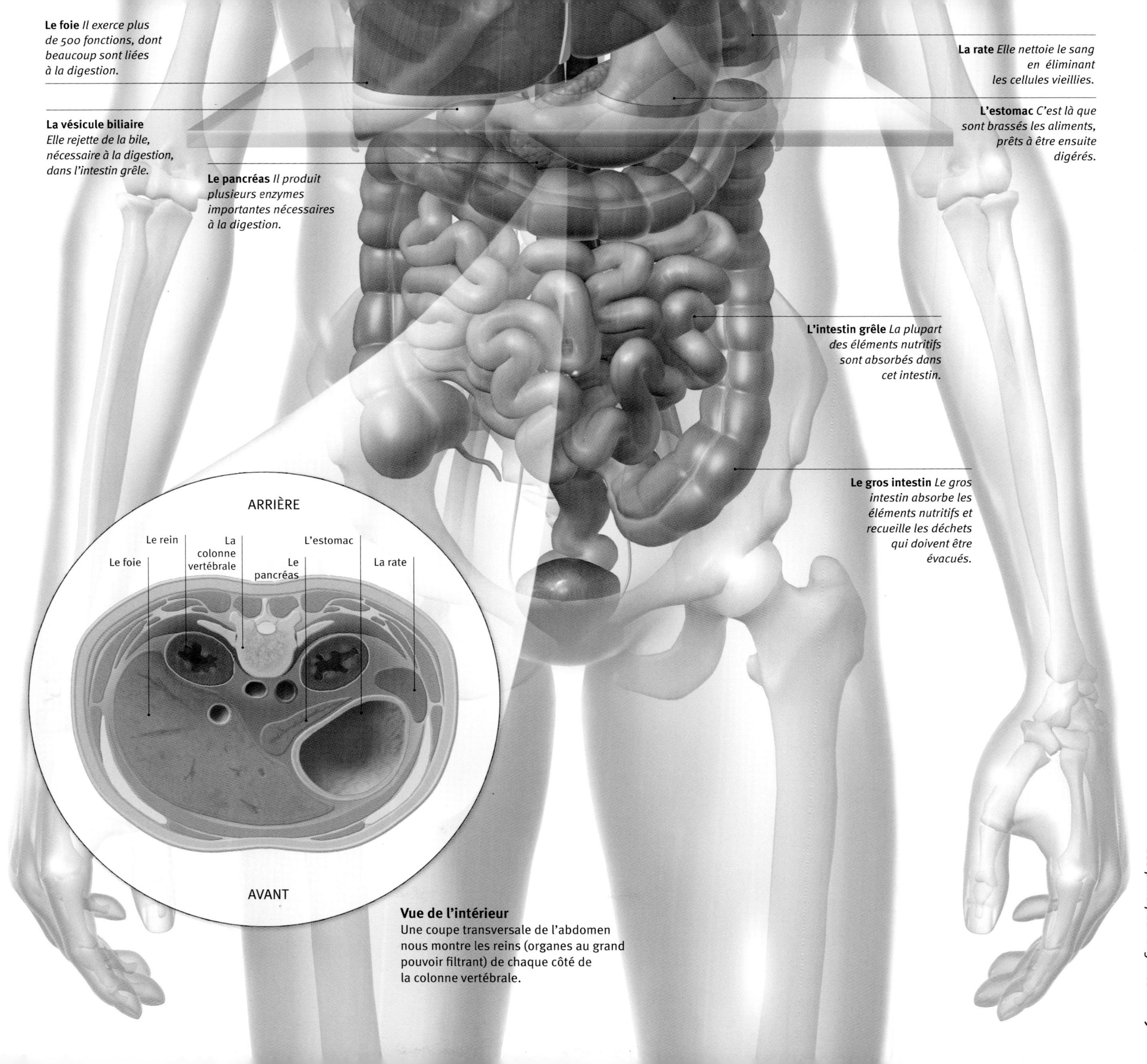

Le foie *Il exerce plus de 500 fonctions, dont beaucoup sont liées à la digestion.*

La vésicule biliaire *Elle rejette de la bile, nécessaire à la digestion, dans l'intestin grêle.*

Le pancréas *Il produit plusieurs enzymes importantes nécessaires à la digestion.*

La rate *Elle nettoie le sang en éliminant les cellules vieillies.*

L'estomac *C'est là que sont brassés les aliments, prêts à être ensuite digérés.*

L'intestin grêle *La plupart des éléments nutritifs sont absorbés dans cet intestin.*

Le gros intestin *Le gros intestin absorbe les éléments nutritifs et recueille les déchets qui doivent être évacués.*

Vue de l'intérieur
Une coupe transversale de l'abdomen nous montre les reins (organes au grand pouvoir filtrant) de chaque côté de la colonne vertébrale.

L'énergie vitale : le cœur

Le cœur est un muscle qui fonctionne comme une pompe : il envoie sans relâche du sang dans l'ensemble du corps, et fournit ainsi aux cellules de l'oxygène et des éléments nutritifs. Le sang pauvre en oxygène arrive dans la chambre supérieure droite du cœur (l'oreillette droite). Puis il passe dans le ventricule droit, où il est propulsé vers les poumons en passant par l'artère pulmonaire. Dans les poumons, le sang s'enrichit en oxygène. Une fois oxygéné, il repart vers l'oreillette gauche, à travers les veines pulmonaires. Enfin, il passe dans le ventricule gauche pour être propulsé dans le reste du corps.

Panne de cœur

Le cœur dispose de son propre réseau d'approvisionnement en sang : les artères coronaires. Si une artère coronaire se bouche, le cœur ne reçoit pas la quantité de sang nécessaire à son fonctionnement et s'arrête. C'est ce qu'on appelle une crise cardiaque.

L'artère pulmonaire droite *Elle transporte du sang pauvre en oxygène vers le poumon droit.*

La veine cave supérieure *Cette grosse veine rapporte le sang désoxygéné vers le cœur.*

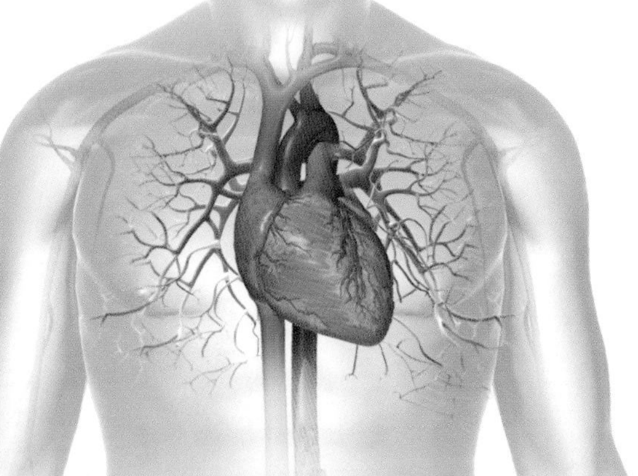

Où se situe exactement le cœur ? Il se trouve dans le thorax, entre les poumons et derrière le sternum. Il est incliné vers le côté gauche du corps.

L'oreillette droite

La valvule tricuspide *Cette valvule, qui évite tout reflux du sang, lui permet de passer de l'oreillette droite au ventricule droit.*

Le ventricule droit

La veine cave inférieure *Le sang désoxygéné revient vers le cœur par cette veine.*

CIRCULATION EN SENS UNIQUE

Il existe quatre valvules dans le cœur, qui permettent au sang de circuler dans un seul et même sens. Si le sang s'écoule dans le mauvais sens, les valvules se ferment hermétiquement. Des valvules endommagées peuvent être remplacées par une opération chirurgicale.

Le sang pénètre dans le cœur

La valvule pulmonaire

La valvule aortique

Le sang sort du cœur

La valvule tricuspide

La valvule mitrale

Valvule artificielle On fabrique des valvules artificielles, comme celles-ci, avec du tissu de porc.

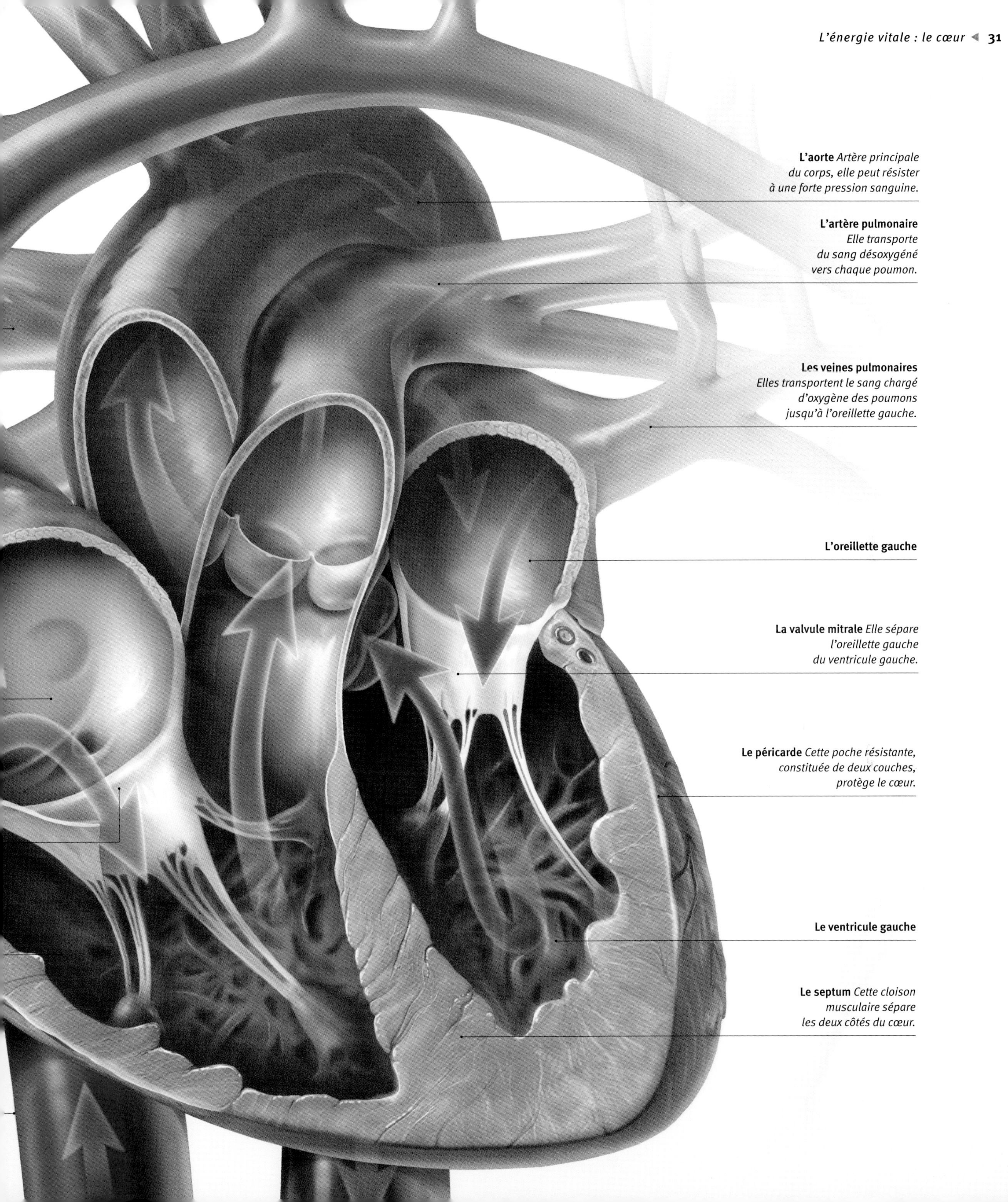
L'aorte *Artère principale du corps, elle peut résister à une forte pression sanguine.*
L'artère pulmonaire *Elle transporte du sang désoxygéné vers chaque poumon.*
Les veines pulmonaires *Elles transportent le sang chargé d'oxygène des poumons jusqu'à l'oreillette gauche.*
L'oreillette gauche
La valvule mitrale *Elle sépare l'oreillette gauche du ventricule gauche.*
Le péricarde *Cette poche résistante, constituée de deux couches, protège le cœur.*
Le ventricule gauche
Le septum *Cette cloison musculaire sépare les deux côtés du cœur.*

La « tour de contrôle » :
le cerveau

C'est grâce au cerveau que nous interprétons ce que nous voyons, sentons et goûtons, ou que nous percevons les sensations de chaleur, de faim ou de douleur. Le cerveau génère aussi des signaux nerveux sortants pour commander les activités corporelles comme la marche ou la transpiration. La mémoire, les sentiments et l'imagination font aussi partie des fonctions des milliards de cellules de notre cerveau.

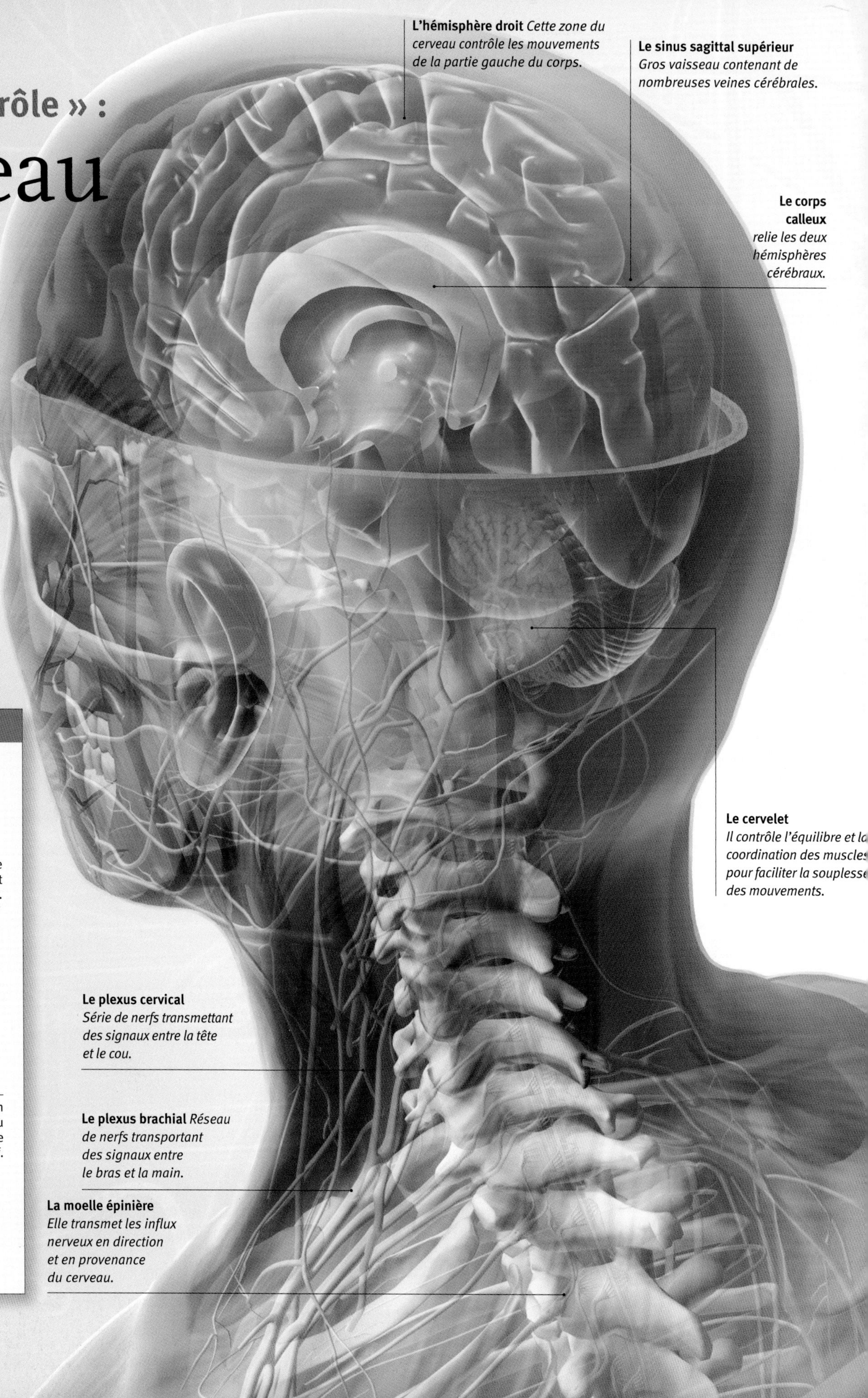

FONCTIONS DU CORTEX

Chaque zone du cortex cérébral a une fonction bien précise, qui nous permet par exemple d'entendre ou de parler.

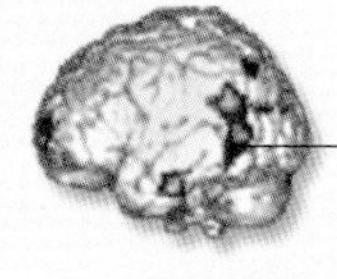

Les régions du lobe temporal traduisent les sons en mots.

Grâce au scanner, on peut visualiser quelle région précise du cerveau est utilisée lors d'une activité.

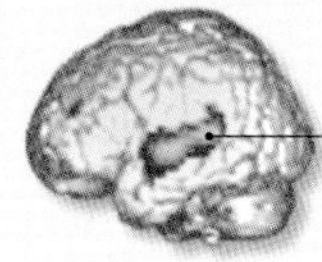

La perception du langage met en jeu une zone importante du cortex auditif.

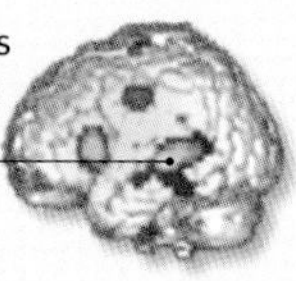

Les régions de Wernicke et de Broca sont utilisées pour la compréhension et la génération du langage.

Un travail d'équipe

L'encéphale comprend trois éléments : le cerveau, le cervelet et le tronc cérébral. Chaque hémisphère du cerveau contrôle les mouvements de la partie opposée du corps. Le cervelet coordonne les mouvements, et le tronc cérébral contrôle les fonctions vitales telles que la respiration.

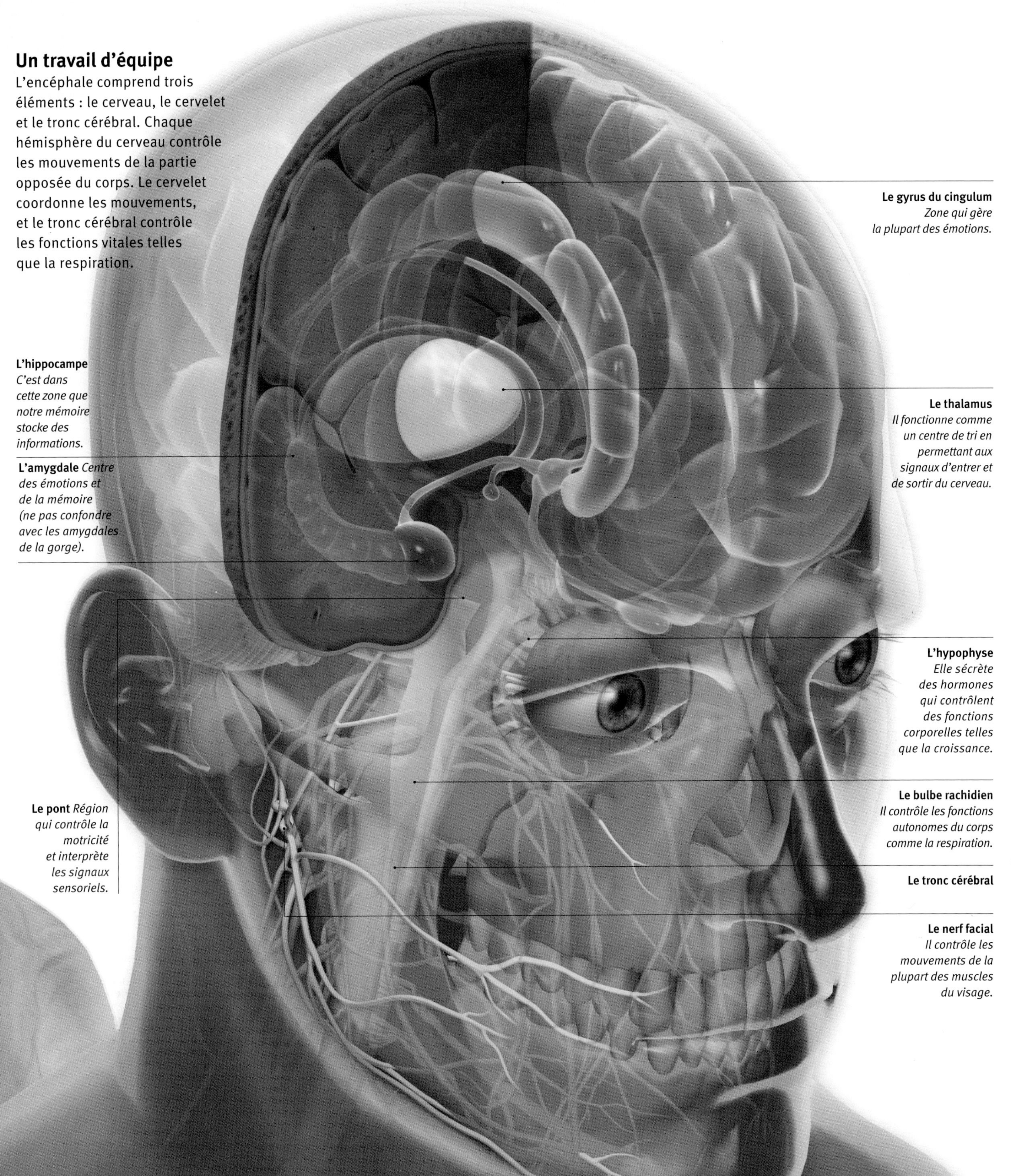

VUE

ODORAT

GOÛT

OUÏE

TOUCHER

La barre des cinq sens
Cette barre multicolore permet de savoir de quel sens il est question dans chaque page.

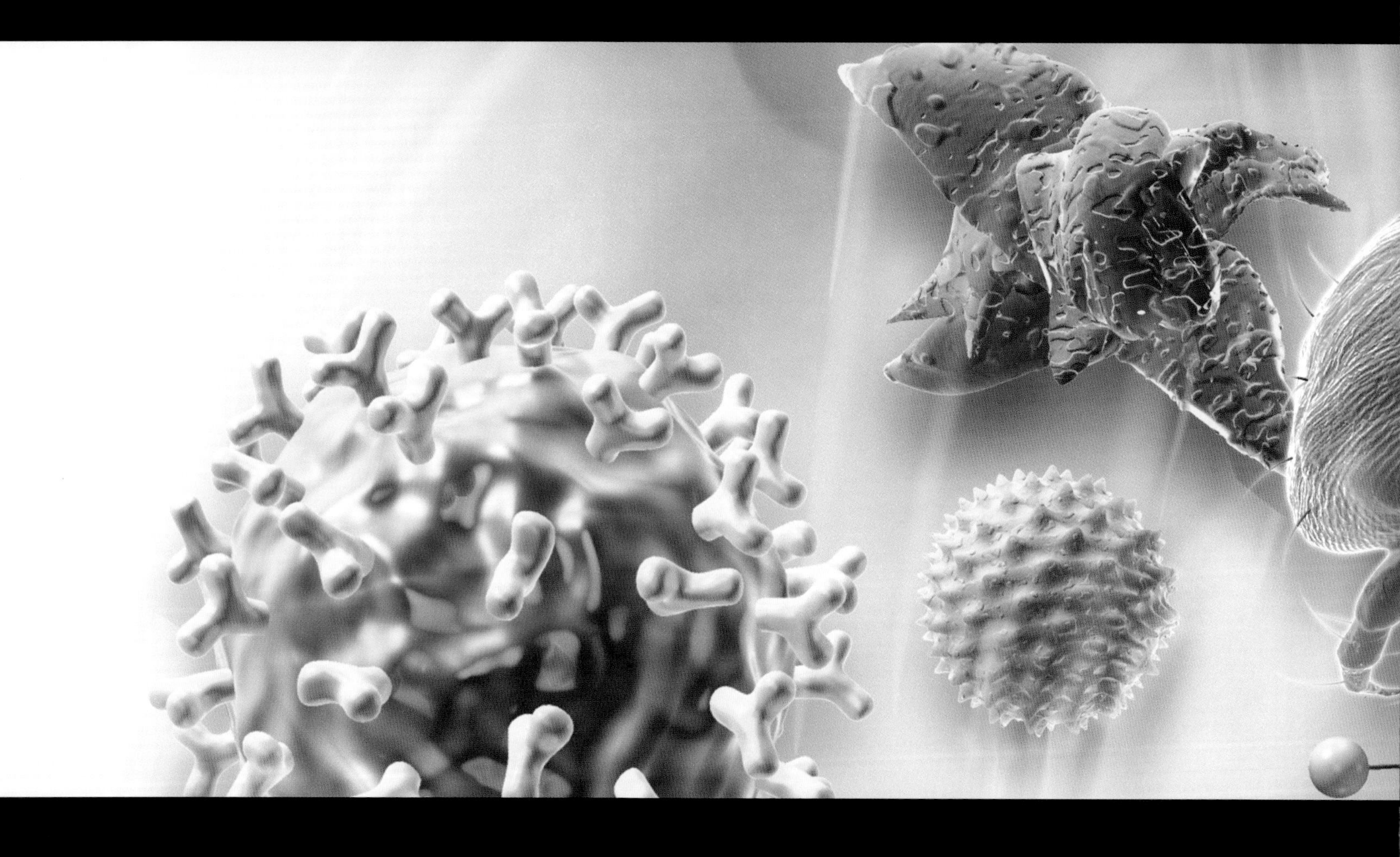

Zoom sur

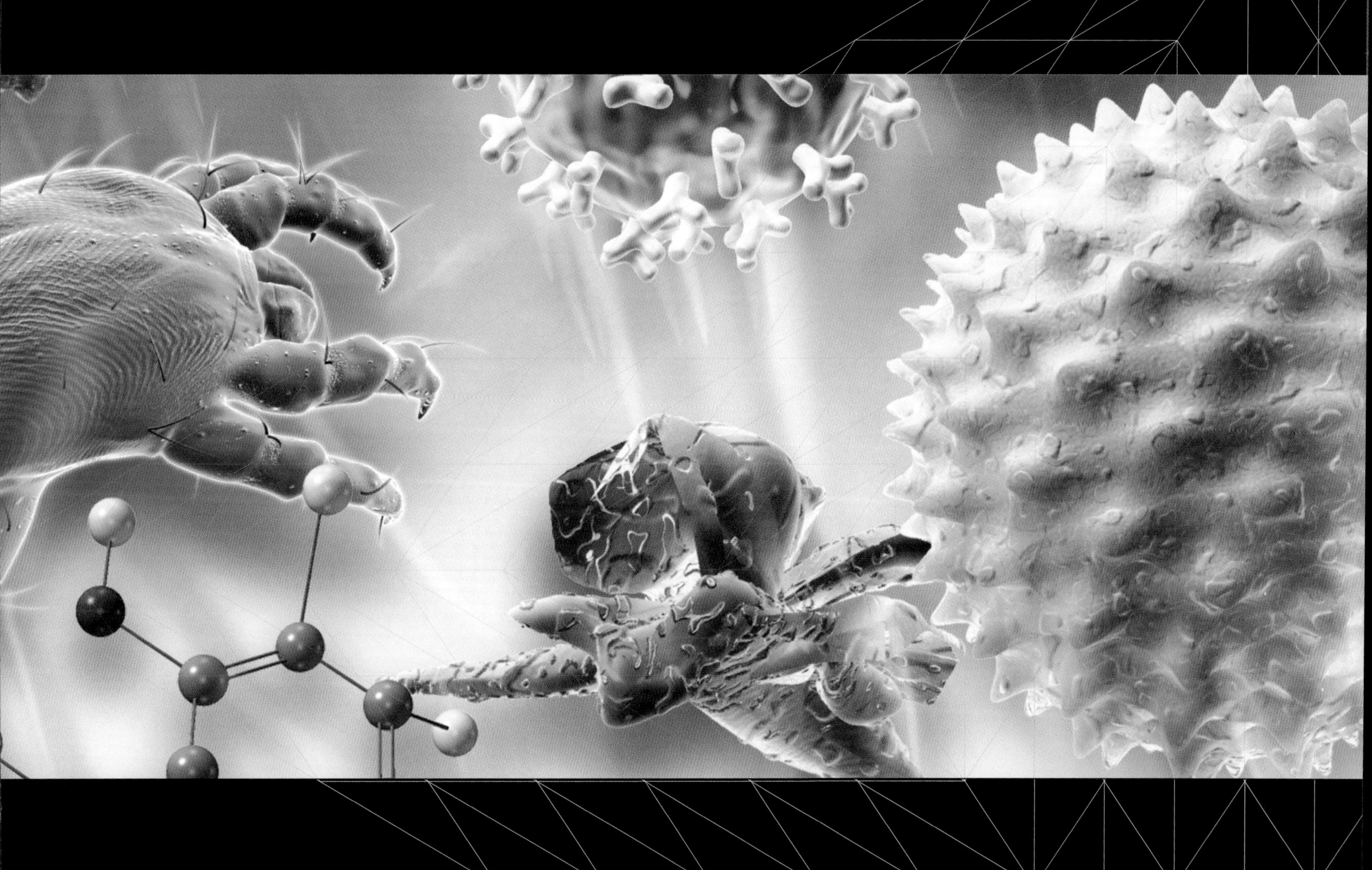

La respiration

Respirer est si naturel que nous le faisons sans même en avoir conscience. Pourtant, la respiration est indispensable à la vie. L'appareil respiratoire fournit de l'oxygène (O_2) au sang – qui le distribue dans les tissus – et il évacue le gaz carbonique (CO_2), déchet de l'activité cellulaire. Nos cellules ont besoin d'oxygène, mais le corps ne pouvant le stocker, nous devons respirer en spermanence. Le corps a besoin de plus de 5 litres d'air par minute, donc un individu doit inspirer et expirer 20 000 fois par jour. C'est le cerveau qui régule le rythme respiratoire, en fonction des niveaux d'oxygène et de gaz carbonique contenus dans le sang.

Inspiration et expiration vitales

À chaque inspiration et expiration, nous absorbons plus de 500 ml d'air dans nos poumons. L'air est transporté par un réseau de tubes creux jusqu'aux alvéoles (petits sacs d'air) où l'oxygène est absorbé et le gaz carbonique expulsé.

MANQUE DE SOUFFLE

L'asthme est une maladie déclenchée par des allergènes qui provoquent l'inflammation des voies respiratoires. Les asthmatiques ont du mal à respirer.

La poussière déclenche souvent des crises d'asthme.

L'allergie au pollen peut aussi provoquer de l'asthme.

Cet inhalateur traite directement les voies respiratoires enflammées.

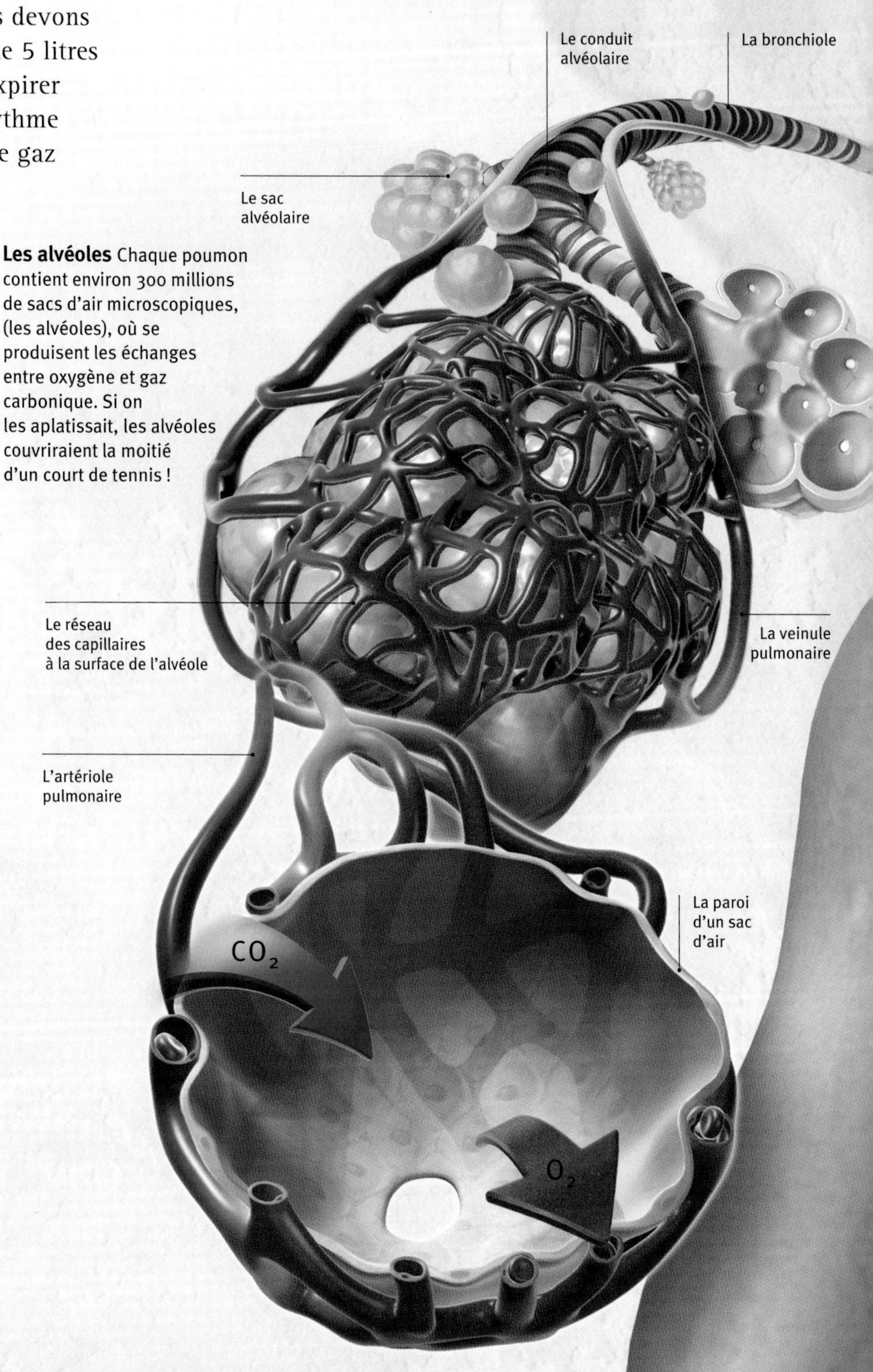

Les alvéoles Chaque poumon contient environ 300 millions de sacs d'air microscopiques, (les alvéoles), où se produisent les échanges entre oxygène et gaz carbonique. Si on les aplatissait, les alvéoles couvriraient la moitié d'un court de tennis !

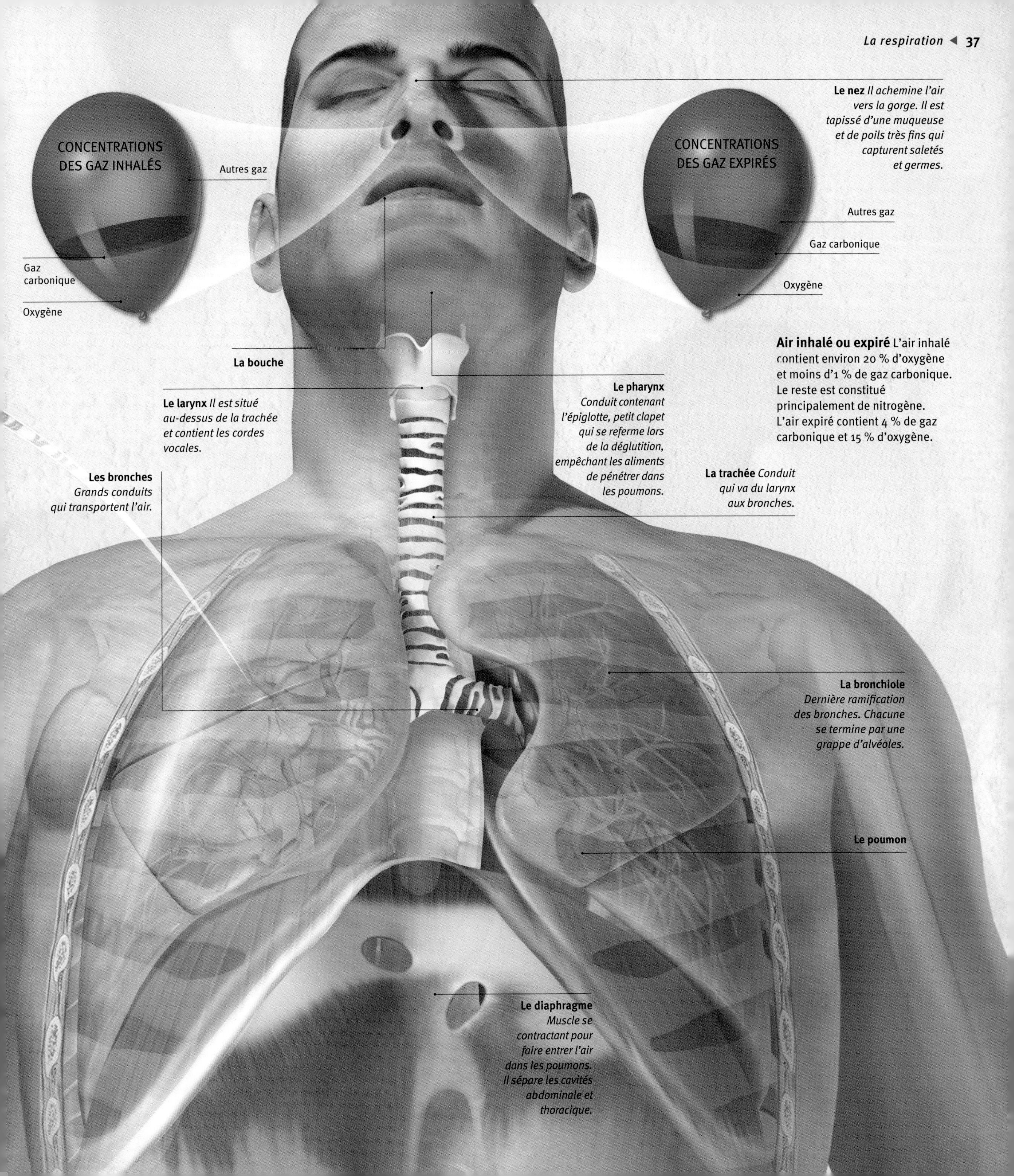

Le nez *Il achemine l'air vers la gorge. Il est tapissé d'une muqueuse et de poils très fins qui capturent saletés et germes.*

CONCENTRATIONS DES GAZ INHALÉS

Autres gaz

Gaz carbonique

Oxygène

CONCENTRATIONS DES GAZ EXPIRÉS

Autres gaz

Gaz carbonique

Oxygène

Air inhalé ou expiré L'air inhalé contient environ 20 % d'oxygène et moins d'1 % de gaz carbonique. Le reste est constitué principalement de nitrogène. L'air expiré contient 4 % de gaz carbonique et 15 % d'oxygène.

La bouche

Le larynx *Il est situé au-dessus de la trachée et contient les cordes vocales.*

Le pharynx *Conduit contenant l'épiglotte, petit clapet qui se referme lors de la déglutition, empêchant les aliments de pénétrer dans les poumons.*

Les bronches *Grands conduits qui transportent l'air.*

La trachée *Conduit qui va du larynx aux bronches.*

La bronchiole *Dernière ramification des bronches. Chacune se termine par une grappe d'alvéoles.*

Le poumon

Le diaphragme *Muscle se contractant pour faire entrer l'air dans les poumons. Il sépare les cavités abdominale et thoracique.*

La circulation

Le système cardio-vasculaire permet au sang d'être acheminé vers toutes les cellules de notre corps. Le sang alimente les tissus en nutriments vitaux et en oxygène, tout en recueillant et en éliminant les déchets. Il transporte aussi des cellules qui combattent les infections et il contribue à l'équilibre de la température corporelle. La circulation sanguine a lieu grâce au cœur. Le sang quitte le cœur dans de gros vaisseaux élastiques nommés artères. Une fois les nutriments et l'oxygène répartis dans les tissus, le sang retourne vers le cœur dans des vaisseaux plus fins nommés veines. Ce circuit s'effectue jusqu'à trois fois par minute.

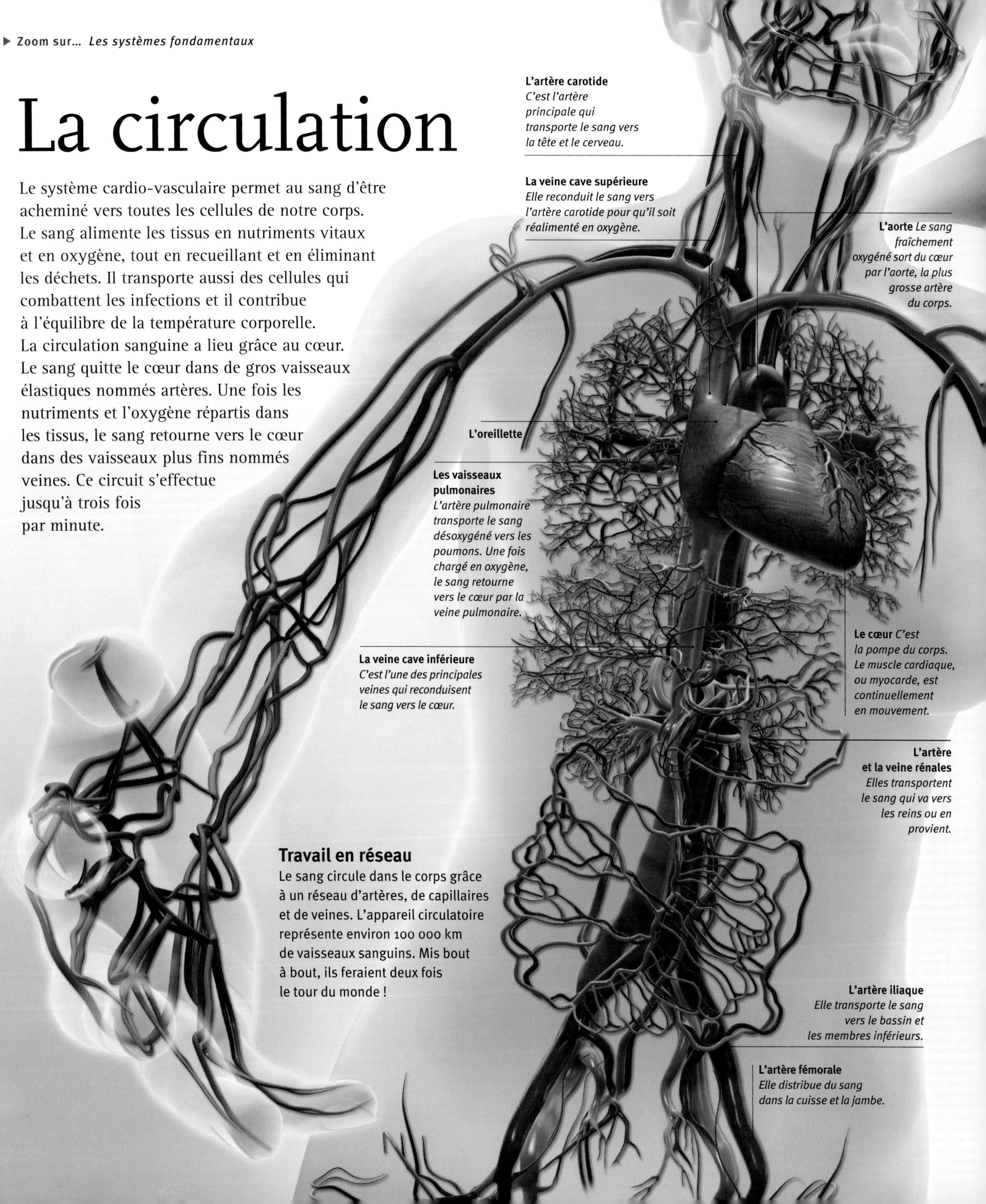

L'artère carotide *C'est l'artère principale qui transporte le sang vers la tête et le cerveau.*

La veine cave supérieure *Elle reconduit le sang vers l'artère carotide pour qu'il soit réalimenté en oxygène.*

L'aorte *Le sang fraîchement oxygéné sort du cœur par l'aorte, la plus grosse artère du corps.*

L'oreillette

Les vaisseaux pulmonaires *L'artère pulmonaire transporte le sang désoxygéné vers les poumons. Une fois chargé en oxygène, le sang retourne vers le cœur par la veine pulmonaire.*

Le cœur *C'est la pompe du corps. Le muscle cardiaque, ou myocarde, est continuellement en mouvement.*

La veine cave inférieure *C'est l'une des principales veines qui reconduisent le sang vers le cœur.*

L'artère et la veine rénales *Elles transportent le sang qui va vers les reins ou en provient.*

Travail en réseau

Le sang circule dans le corps grâce à un réseau d'artères, de capillaires et de veines. L'appareil circulatoire représente environ 100 000 km de vaisseaux sanguins. Mis bout à bout, ils feraient deux fois le tour du monde !

L'artère iliaque *Elle transporte le sang vers le bassin et les membres inférieurs.*

L'artère fémorale *Elle distribue du sang dans la cuisse et la jambe.*

EN UN BATTEMENT DE CŒUR

Le cœur comporte quatre cavités : deux chambres supérieures, les oreillettes, et deux chambres inférieures, les ventricules. Le côté droit du cœur recueille le sang pauvre en oxygène et l'envoie dans les poumons. Le côté gauche recueille le sang oxygéné provenant des poumons et le distribue au reste du corps.

Diastole
Pendant la diastole, les ventricules se remplissent du sang qui provient des oreillettes.

Systole
Lors de la systole, les ventricules se contractent, propulsant le sang dans les artères. Des valvules empêchent le sang d'aller dans le mauvais sens.

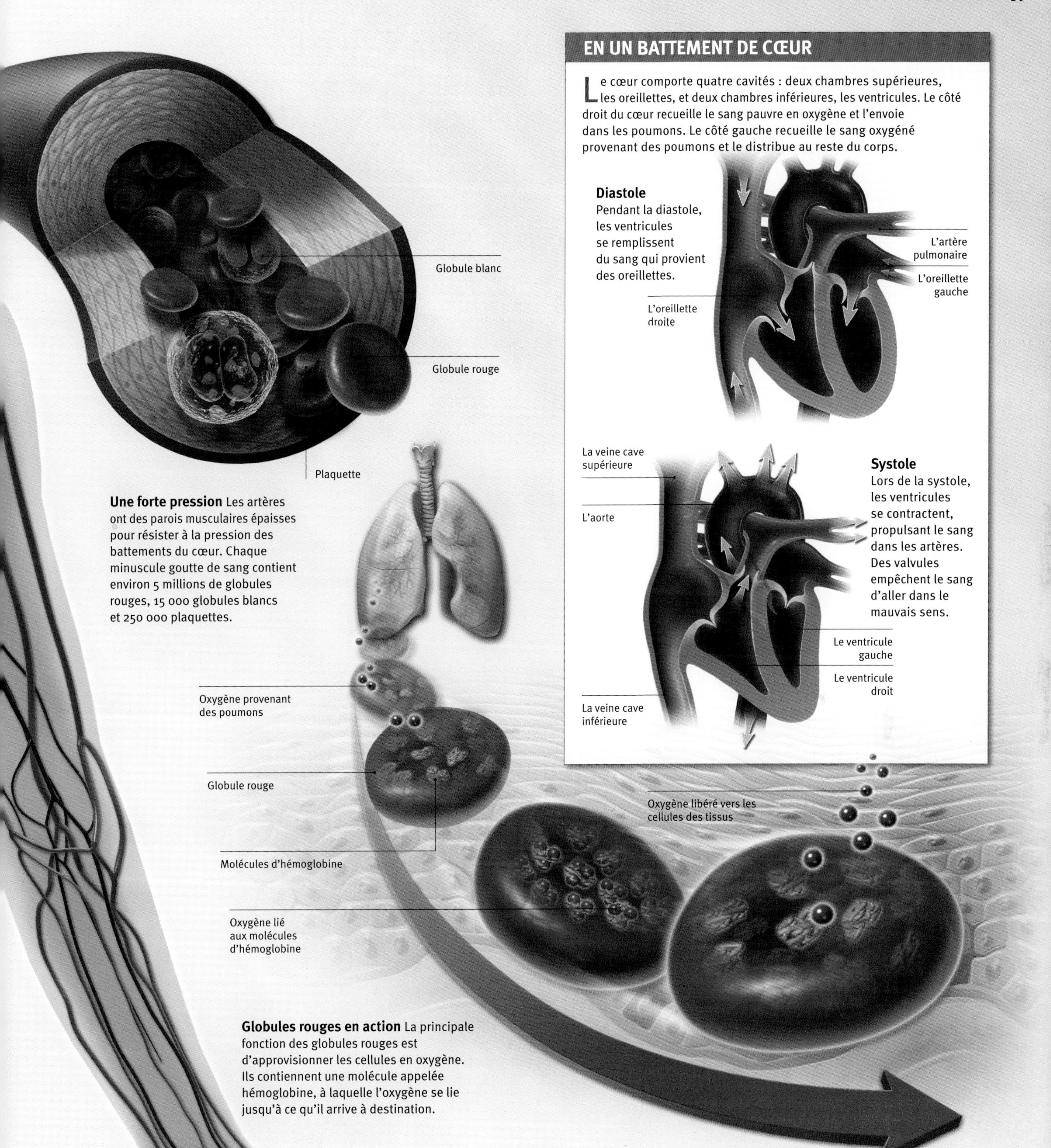

Une forte pression Les artères ont des parois musculaires épaisses pour résister à la pression des battements du cœur. Chaque minuscule goutte de sang contient environ 5 millions de globules rouges, 15 000 globules blancs et 250 000 plaquettes.

Globules rouges en action La principale fonction des globules rouges est d'approvisionner les cellules en oxygène. Ils contiennent une molécule appelée hémoglobine, à laquelle l'oxygène se lie jusqu'à ce qu'il arrive à destination.

Le système nerveux

Chaque pensée, sensation ou action du corps est contrôlée par le système nerveux, qui comprend l'encéphale, la moelle épinière et les nerfs. Il est constitué de milliards de cellules reliées entre elles : les neurones. Ces derniers envoient des informations sous forme de signaux électriques grâce à leurs longues fibres (axones). Les impulsions électriques passent d'un neurone à un autre par des jonctions appelées synapses. La moelle épinière est un cordon de fibres nerveuses qui envoit des messages vers le cerveau et qui en reçoit de lui. Elle fait environ 45 cm de longueur et occupe les deux premiers tiers de la colonne vertébrale.

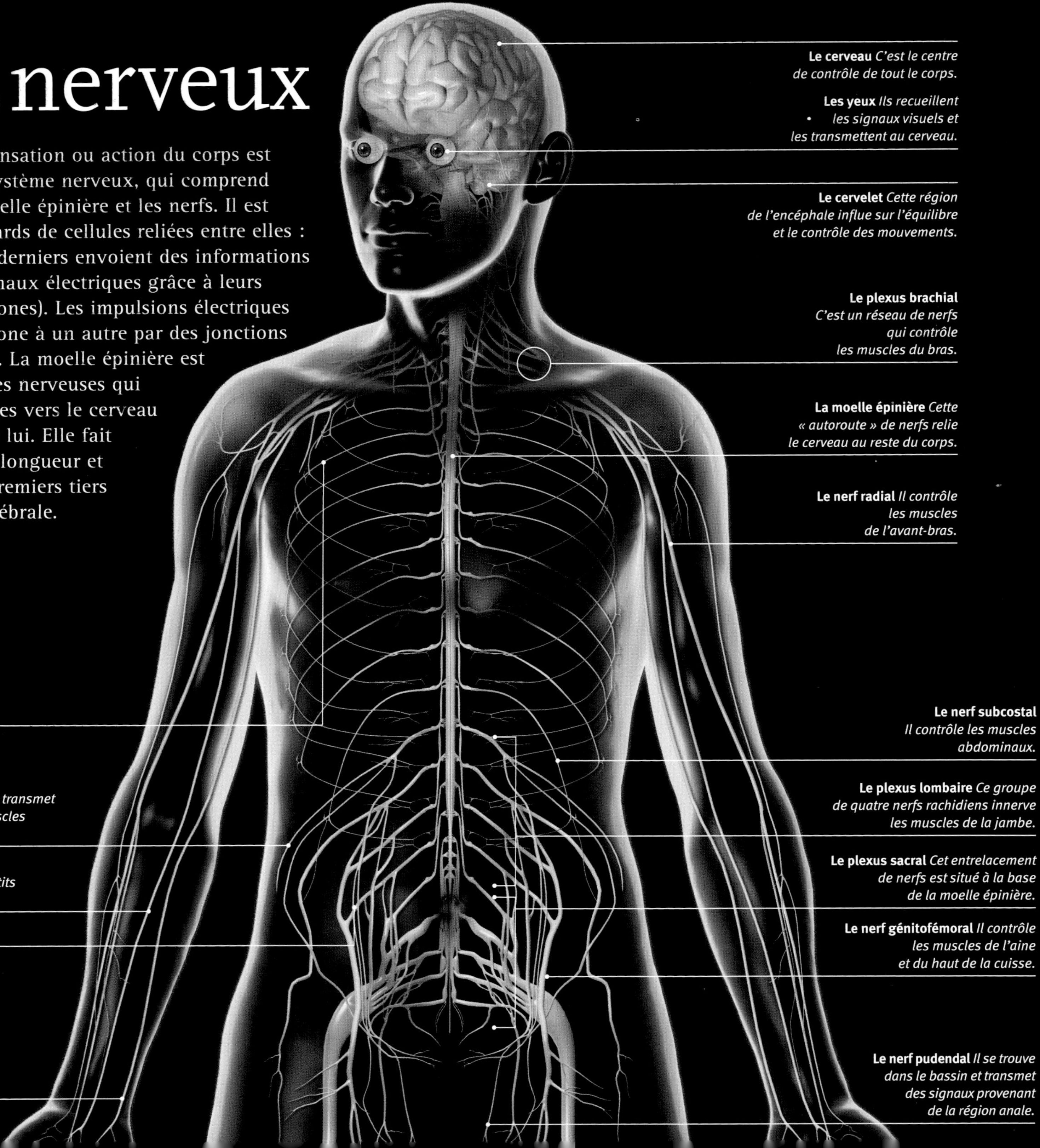

Le cerveau *C'est le centre de contrôle de tout le corps.*

Les yeux *Ils recueillent les signaux visuels et les transmettent au cerveau.*

Le cervelet *Cette région de l'encéphale influe sur l'équilibre et le contrôle des mouvements.*

Le plexus brachial *C'est un réseau de nerfs qui contrôle les muscles du bras.*

La moelle épinière *Cette « autoroute » de nerfs relie le cerveau au reste du corps.*

Le nerf radial *Il contrôle les muscles de l'avant-bras.*

Les nerfs intercostaux *Ils contrôlent les muscles de la paroi thoracique.*

Le nerf subcostal *Il contrôle les muscles abdominaux.*

Le plexus lombaire *Ce groupe de quatre nerfs rachidiens innerve les muscles de la jambe.*

Le nerf ilio-hypogastrique *Il transmet les signaux nerveux aux muscles des fesses et de l'abdomen.*

Le plexus sacral *Cet entrelacement de nerfs est situé à la base de la moelle épinière.*

Le nerf médian *Il parcourt le poignet et contrôle les petits muscles de la main.*

Le nerf génitofémoral *Il contrôle les muscles de l'aine et du haut de la cuisse.*

Le nerf fémoral (ou crural) *Il innerve la face antérieure de la cuisse.*

Le nerf cubital *Il innerve la région qui s'étend du coude à l'auriculaire.*

Le nerf pudendal *Il se trouve dans le bassin et transmet des signaux provenant de la région anale.*

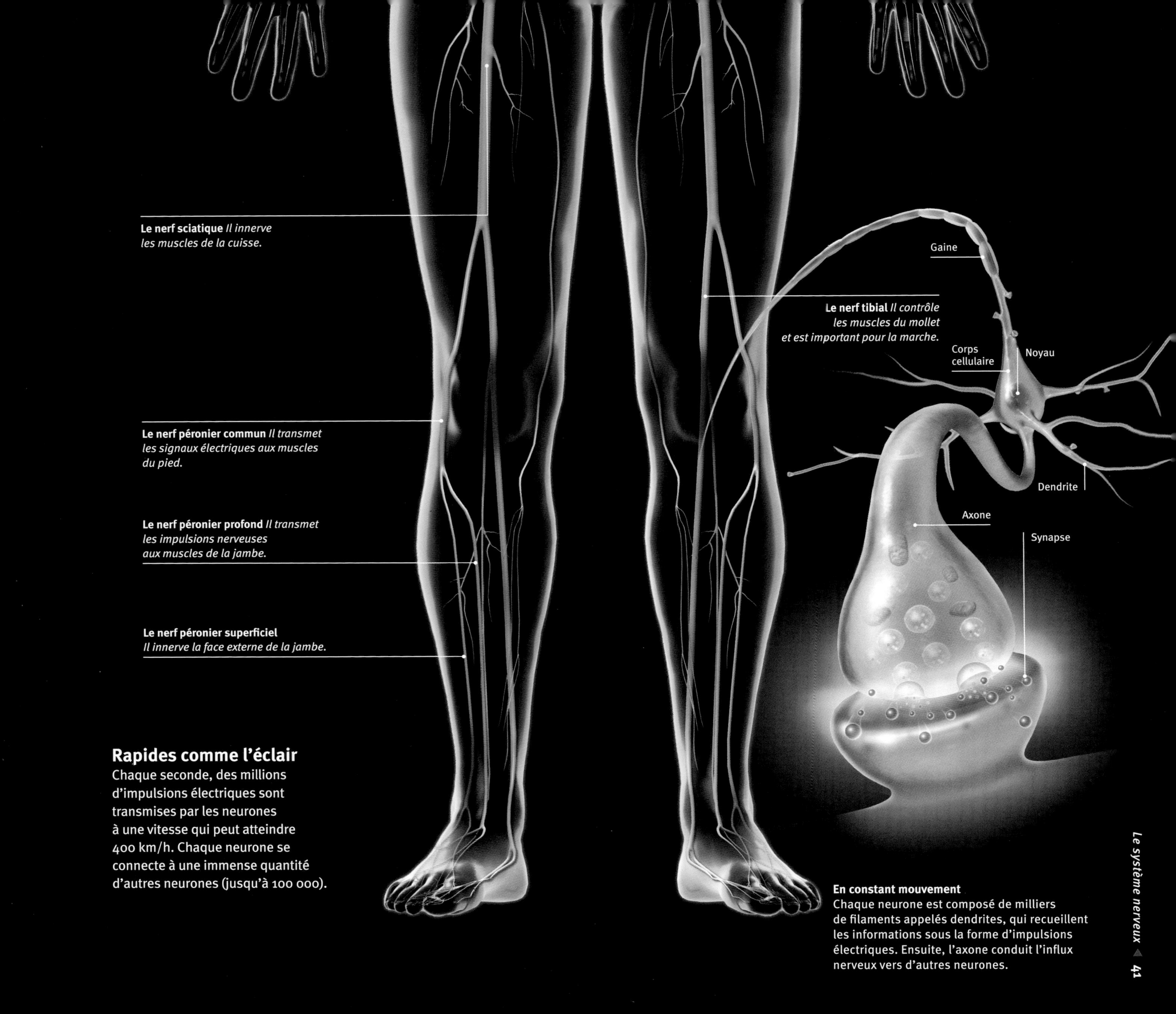

Le nerf sciatique *Il innerve les muscles de la cuisse.*

Le nerf tibial *Il contrôle les muscles du mollet et est important pour la marche.*

Le nerf péronier commun *Il transmet les signaux électriques aux muscles du pied.*

Le nerf péronier profond *Il transmet les impulsions nerveuses aux muscles de la jambe.*

Le nerf péronier superficiel *Il innerve la face externe de la jambe.*

Rapides comme l'éclair

Chaque seconde, des millions d'impulsions électriques sont transmises par les neurones à une vitesse qui peut atteindre 400 km/h. Chaque neurone se connecte à une immense quantité d'autres neurones (jusqu'à 100 000).

En constant mouvement

Chaque neurone est composé de milliers de filaments appelés dendrites, qui recueillent les informations sous la forme d'impulsions électriques. Ensuite, l'axone conduit l'influx nerveux vers d'autres neurones.

Le système immunitaire

Le système immunitaire assure la protection du corps humain. Il est chargé de le défendre contre les organismes porteurs de maladies qui tentent de l'envahir. Le corps dispose de barrières naturelles, comme la peau et les cheveux. Mais si un germe parvient à franchir ces obstacles et à pénétrer dans le sang, il rencontrera une autre barrière, constituée par les globules blancs. Il existe cinq types de globules blancs, qui jouent un rôle précis dans la lutte contre les microbes. Certains, comme les macrophages, détruisent les germes en les consommant. Un seul macrophage peut ingérer plus de 100 germes. D'autres, tels les lymphocytes, créent des substances appelées anticorps, qui désactivent le germe et le détruisent.

À LA RESCOUSSE

Quand la première défense du corps, la peau, est attaquée, le système immunitaire réagit très rapidement.

Réaction inflammatoire Quand des germes pénètrent dans le sang, la zone devient rouge et enflammée, tandis que le corps organise sa défense.

Sauvetage immédiat Les vaisseaux sanguins expédient d'urgence des globules blancs qui capturent et détruisent les germes envahisseurs et débarrassent le corps des cellules mortes.

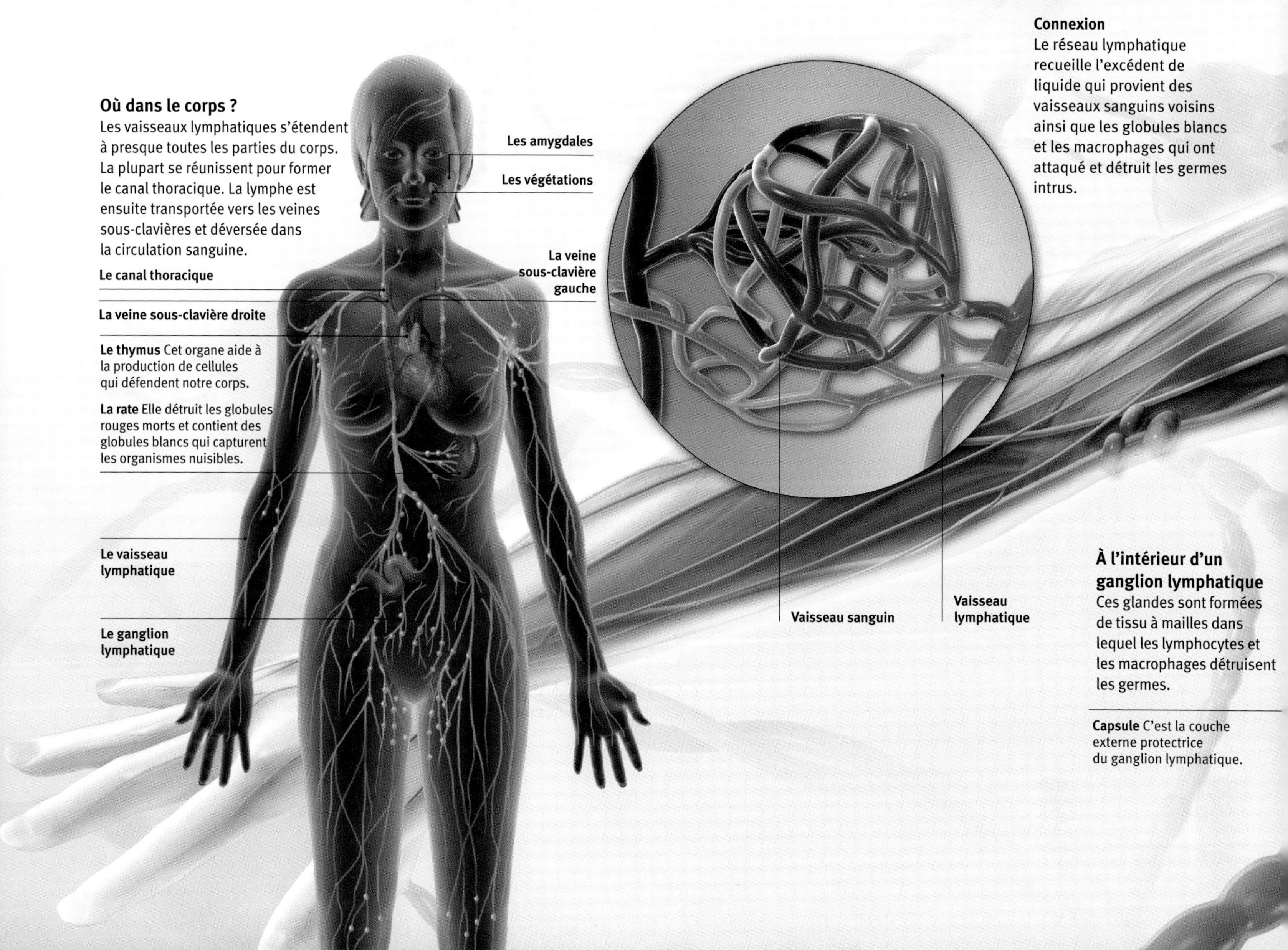

Où dans le corps ? Les vaisseaux lymphatiques s'étendent à presque toutes les parties du corps. La plupart se réunissent pour former le canal thoracique. La lymphe est ensuite transportée vers les veines sous-clavières et déversée dans la circulation sanguine.

Le thymus Cet organe aide à la production de cellules qui défendent notre corps.

La rate Elle détruit les globules rouges morts et contient des globules blancs qui capturent les organismes nuisibles.

Connexion Le réseau lymphatique recueille l'excédent de liquide qui provient des vaisseaux sanguins voisins ainsi que les globules blancs et les macrophages qui ont attaqué et détruit les germes intrus.

À l'intérieur d'un ganglion lymphatique

Ces glandes sont formées de tissu à mailles dans lequel les lymphocytes et les macrophages détruisent les germes.

Capsule C'est la couche externe protectrice du ganglion lymphatique.

Un excellent système

Le système lymphatique est un réseau de vaisseaux qui contiennent un liquide appelé la lymphe. Celle-ci est constituée d'un excès de liquide provenant des tissus du corps. Les ganglions lymphatiques sont des grappes de globules blancs qui font obstacle à l'infection.

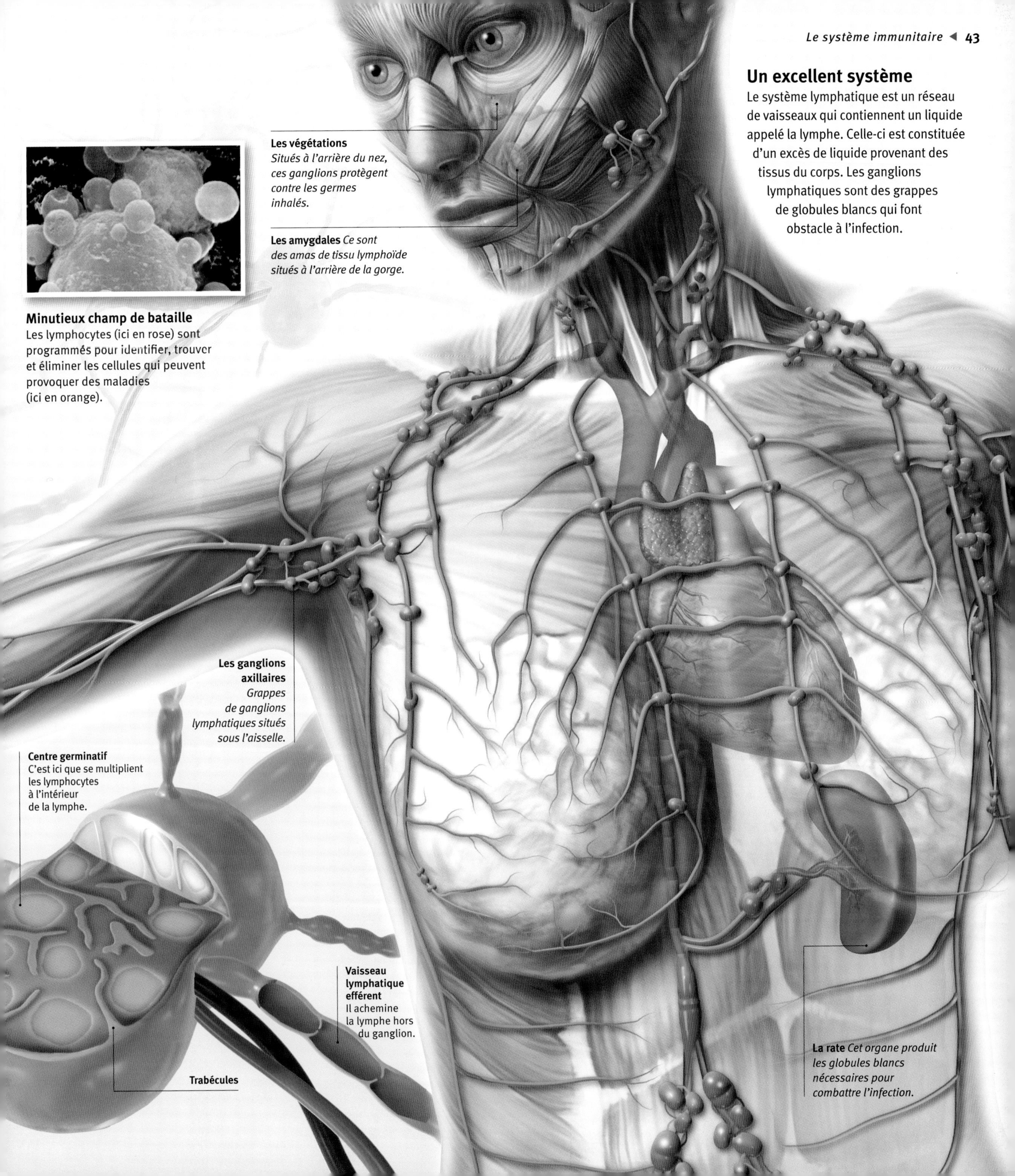

Minutieux champ de bataille
Les lymphocytes (ici en rose) sont programmés pour identifier, trouver et éliminer les cellules qui peuvent provoquer des maladies (ici en orange).

Le système digestif

L'énergie dont le corps a besoin pour sa croissance, son bon fonctionnement et le renouvellement de ses cellules est fournie par ce que nous mangeons et buvons. Au cours de la digestion, de petites particules d'aliments mâchés arrivent dans l'estomac, où elles sont attaquées par des acides et de puissantes contractions musculaires qui les transforment en un liquide crémeux. Ce dernier pénètre alors dans l'intestin grêle. Là, des enzymes chimiques et digestives s'ajoutént au mélange pour permettre l'absorption des éléments nutritifs. Dans le gros intestin, les nutriments résiduels, les minéraux et l'eau sont absorbés. Les résidus non digérés forment les selles : le produit final du processus digestif.

Un long périple

Le tube digestif, long d'environ 9 m, va de la bouche à l'anus. Bien que nous n'ayons généralement pas conscience de ce travail de digestion, l'intervalle de temps qui sépare le moment où l'on mâche la nourriture et celui où l'on va aux toilettes peut prendre plusieurs jours.

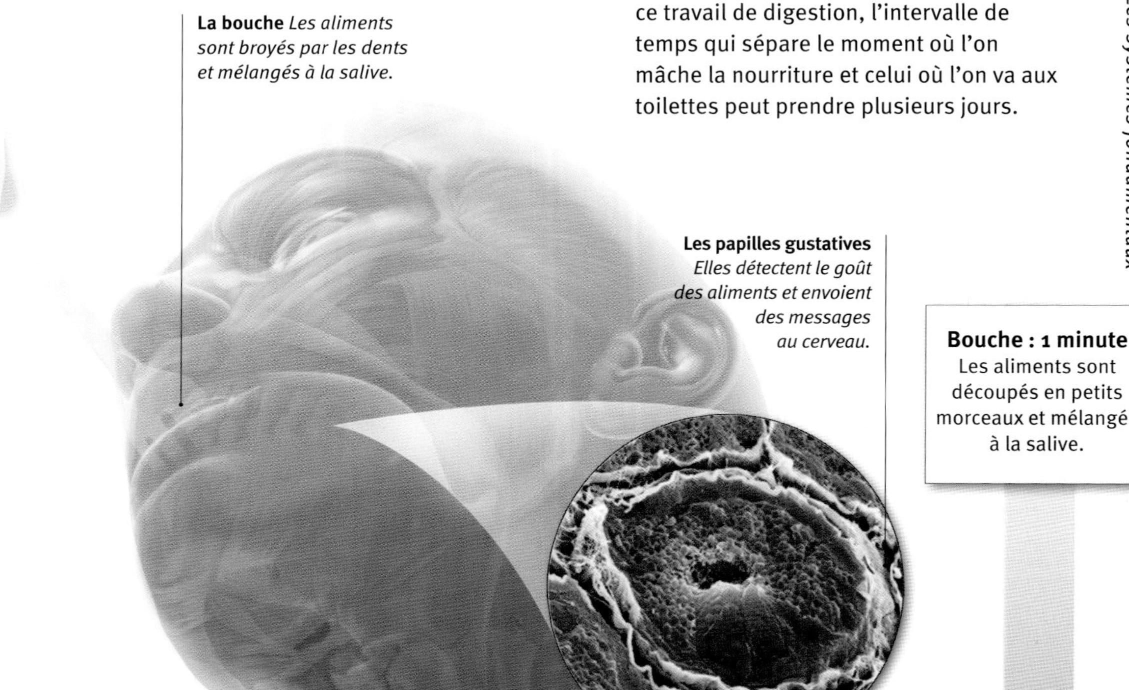

La bouche *Les aliments sont broyés par les dents et mélangés à la salive.*

Les papilles gustatives *Elles détectent le goût des aliments et envoient des messages au cerveau.*

L'œsophage *Sa paroi musculaire propulse les aliments mâchés de la bouche vers l'estomac.*

La paroi stomacale *Les replis qu'elle forme lui permettent d'augmenter jusqu'à 20 fois sa taille.*

Le foie *Il stocke les éléments nutritifs, détruit les substances nocives et produit la bile.*

Bouche : 1 minute
Les aliments sont découpés en petits morceaux et mélangés à la salive.

Œsophage : 2-3 secondes
Les aliments y sont acheminés vers l'estomac.

Estomac : 2-4 heures
Grâce aux contractions et aux acides puissants, la nourriture prend l'apparence d'une pâte.

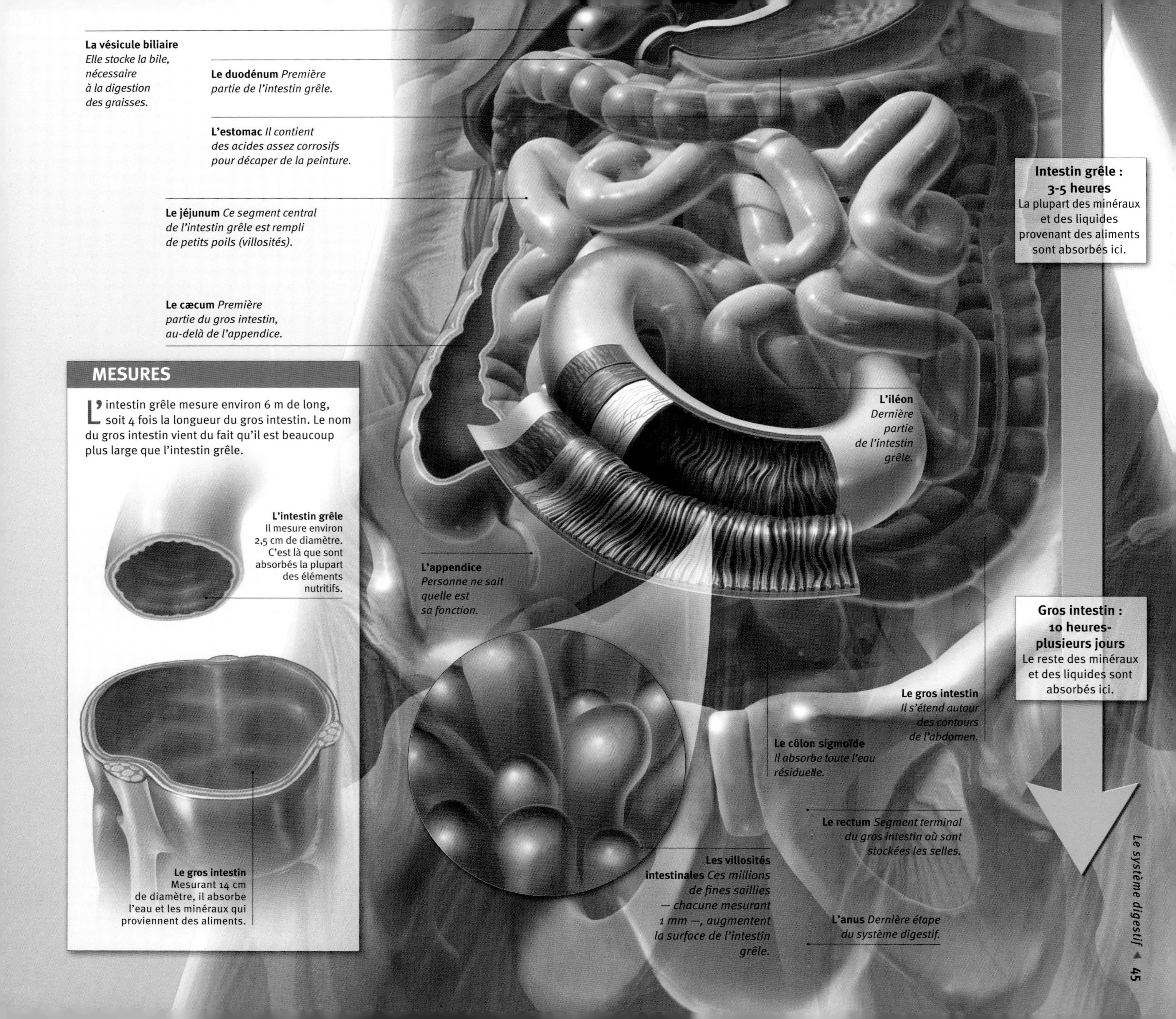

MESURES

L'intestin grêle mesure environ 6 m de long, soit 4 fois la longueur du gros intestin. Le nom du gros intestin vient du fait qu'il est beaucoup plus large que l'intestin grêle.

Le système urinaire

Les principales fonctions du système urinaire, et, en particulier, des reins, sont le filtrage du sang et l'élimination des déchets. Les deux reins nettoient en permanence le sang à un rythme de 1700 l par jour. Le sang filtré repart ensuite dans le système circulatoire pour être distribué à toutes les parties du corps. Les reins contiennent des néphrons : des milliers d'unités filtrantes qui servent à éliminer, sous la forme d'urine, les déchets nocifs et l'eau en excès. L'urine passe dans des conduits imperméables appelés uretères, puis dans la vessie, où elle est stockée avant d'être évacuée par l'urètre.

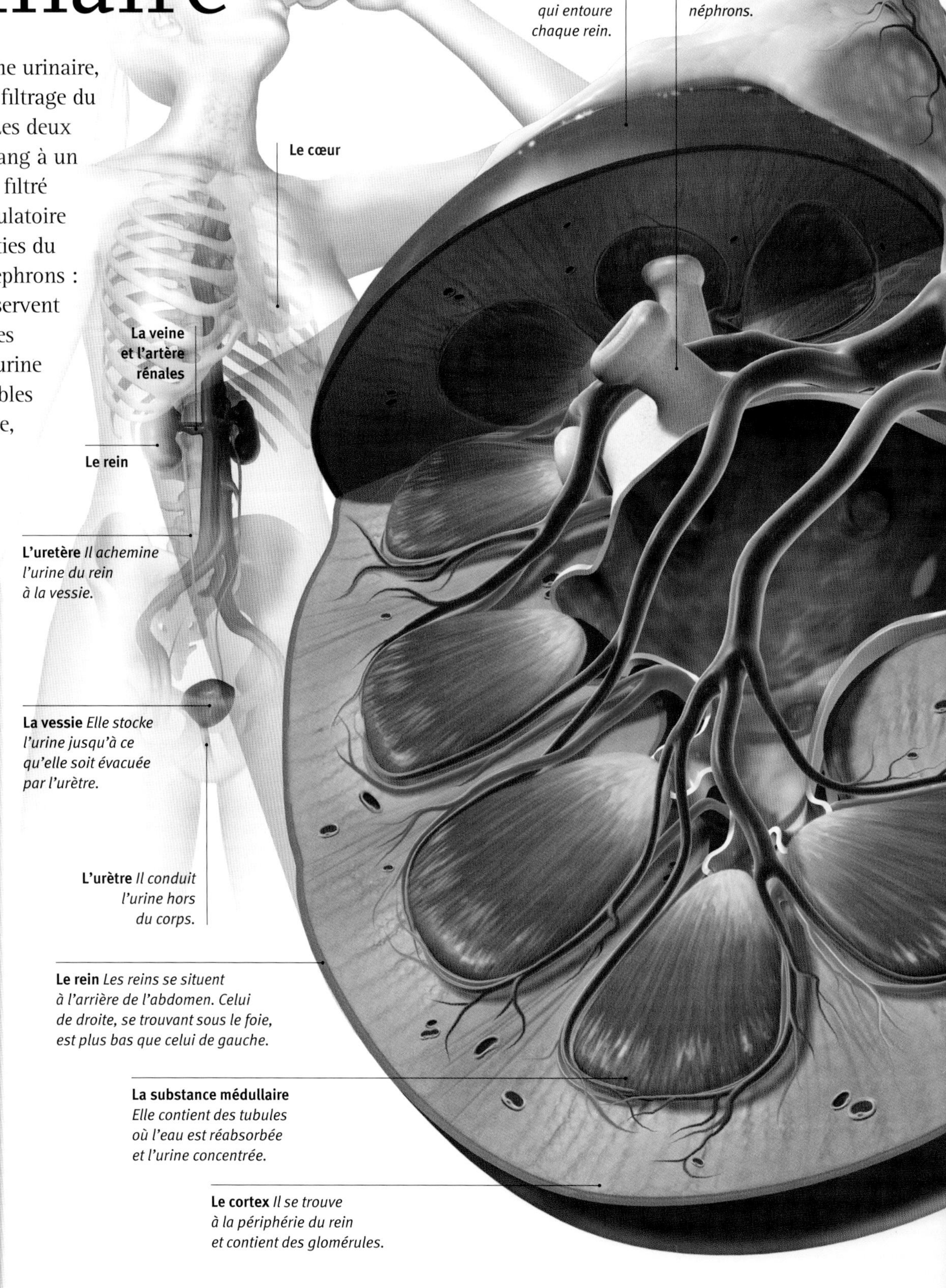

LA VESSIE

La vessie stocke l'urine sécrétée par les reins. Quand elle se remplit, les nerfs situés dans sa paroi envoient un signal au cerveau signifiant qu'il est temps d'aller aux toilettes.

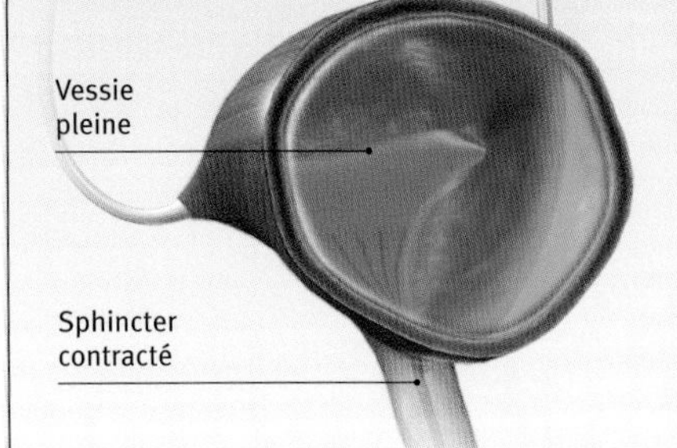

Quand le muscle du sphincter est contracté, l'urine est retenue dans la vessie.

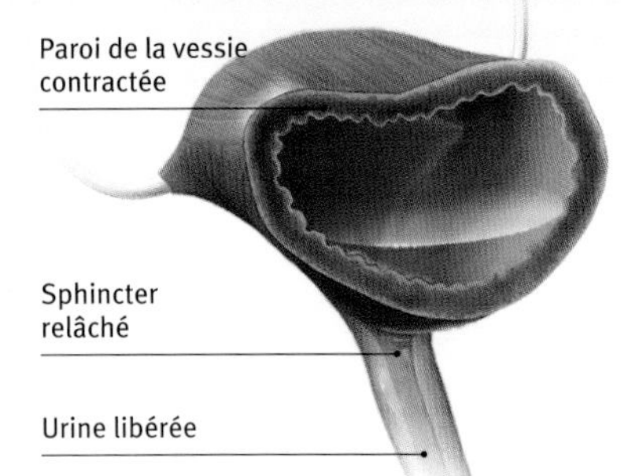

Quand le muscle du sphincter est relâché et la paroi de la vessie contractée, l'urine est libérée.

Une question d'équilibre

Notre corps est constitué de 70 % d'eau et nous buvons à peu près 2 l de liquide par jour. Notre cerveau contrôle l'équilibre des fluides en régulant essentiellement la production d'urine par les reins.

Néphrons champions

Les néphrons sont constitués de deux parties principales : le glomérule et le tubule. Le sang non filtré pénètre dans le néphron par le glomérule. Là, le sang est « passé au tamis », l'eau est filtrée et les déchets passent dans le tubule. Toutes les substances utiles sont réabsorbées, et le reste de l'urine est dirigé vers la vessie.

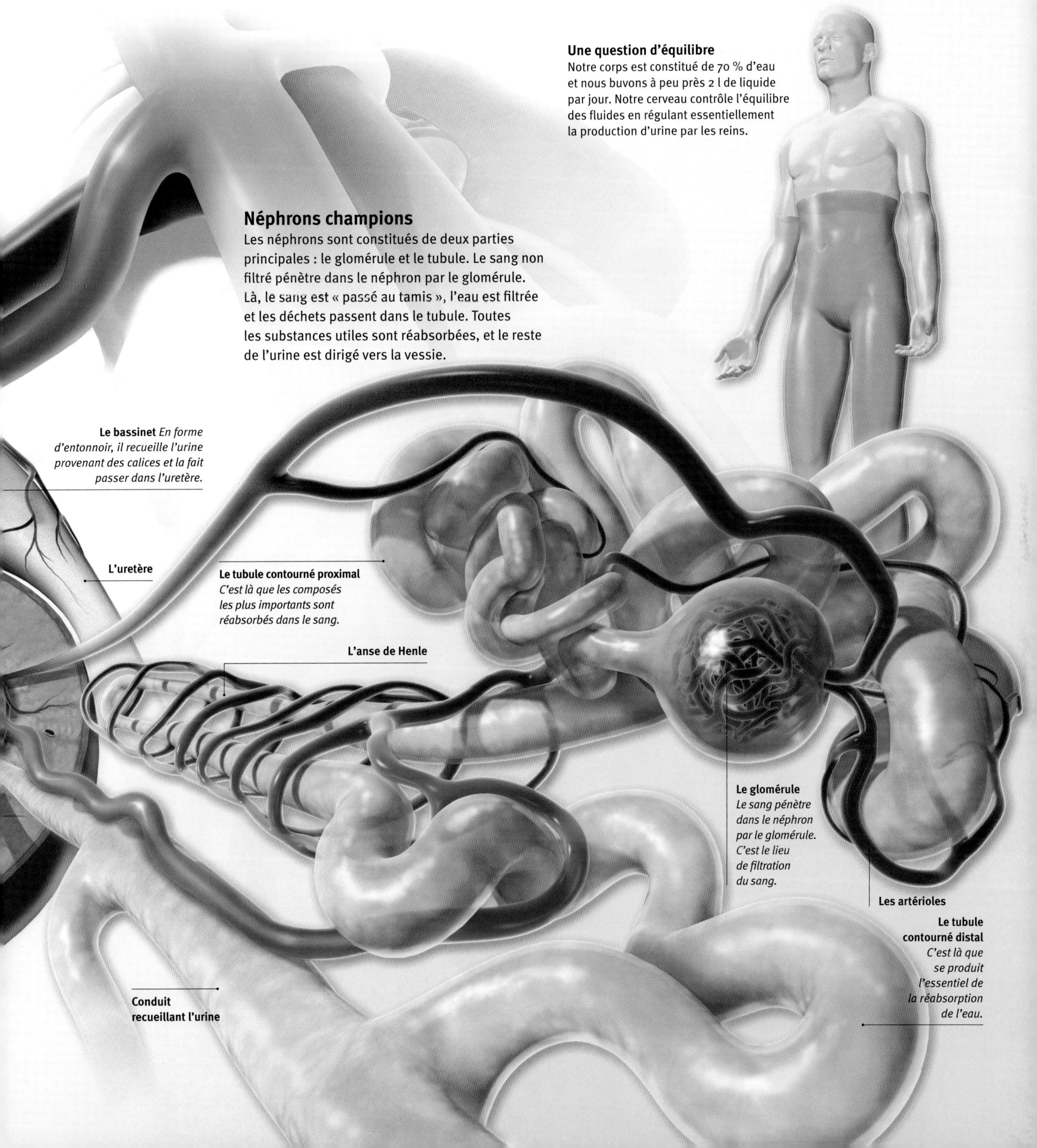

Le bassinet *En forme d'entonnoir, il recueille l'urine provenant des calices et la fait passer dans l'uretère.*

L'uretère

Le tubule contourné proximal *C'est là que les composés les plus importants sont réabsorbés dans le sang.*

L'anse de Henle

Le glomérule *Le sang pénètre dans le néphron par le glomérule. C'est le lieu de filtration du sang.*

Les artérioles

Le tubule contourné distal *C'est là que se produit l'essentiel de la réabsorption de l'eau.*

Conduit recueillant l'urine

La reproduction

Les appareils génitaux, dédiés à la reproduction, sont différents chez l'homme et chez la femme. Pour faire un enfant, il faut qu'une cellule sexuelle de la femme fusionne avec une cellule sexuelle de l'homme. La femme naît avec toutes les cellules sexuelles (ovules) dont elle disposera au cours de sa vie. Les ovules sont stockés dans les ovaires, deux organes en forme d'amandes situés au niveau du bassin. Entre l'âge de onze ans et l'âge de cinquante ans environ, une femme va libérer un ovule par mois. L'homme, en revanche, produit chaque jour et pendant toute sa vie des millions de cellules sexuelles, les spermatozoïdes, à partir de l'âge de treize ans environ.

Ovaire Les ovules sont stockés dans les ovaires, qui produisent aussi les hormones régulant la grossesse.

L'utérus C'est l'organe dans lequel le fœtus se développe pendant la grossesse.

Le col de l'utérus C'est la partie basse de l'utérus, en haut du vagin.

La vessie

Les franges forment un entonnoir qui dirige l'ovule vers l'intérieur de la trompe.

Trompe de Fallope L'ovule traverse toute la trompe pour passer de l'ovaire à l'utérus.

Le vagin Il relie l'utérus à l'extérieur du corps.

Les organes génitaux féminins

La femme a deux ovaires. Chacun d'eux est relié à l'utérus par une trompe de Fallope. L'utérus est généralement de la taille d'une poire, mais il s'agrandit énormément pendant la grossesse. Le vagin relie l'utérus à l'extérieur du corps.

Les débuts de la vie

Les cellules sexuelles ne contiennent que la moitié du matériau génétique nécessaire à la création d'un être humain. Quand un ovule est fécondé par un spermatozoïde, la cellule qui résulte de cette fusion dispose, elle, d'un patrimoine génétique complet ; un embryon va alors se développer. Neuf mois après la fécondation, le bébé naît.

1 **Rencontre d'un spermatozoïde et d'un ovule** *Malgré la présence de centaines de spermatozoïdes autour d'un ovule, un seul déclenchera le processus de fécondation. L'unique cellule fécondée est plus petite que la tête d'une épingle.*

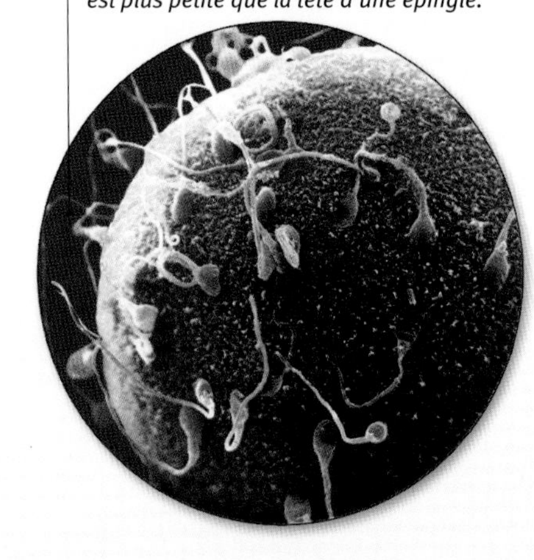

2 **La cellule se divise** *Après la fécondation, l'unique cellule se divise en deux. Les deux cellules se divisent en quatre, puis en huit, etc. En quelques jours, une masse constituée de douzaines de cellules s'installe dans la paroi utérine.*

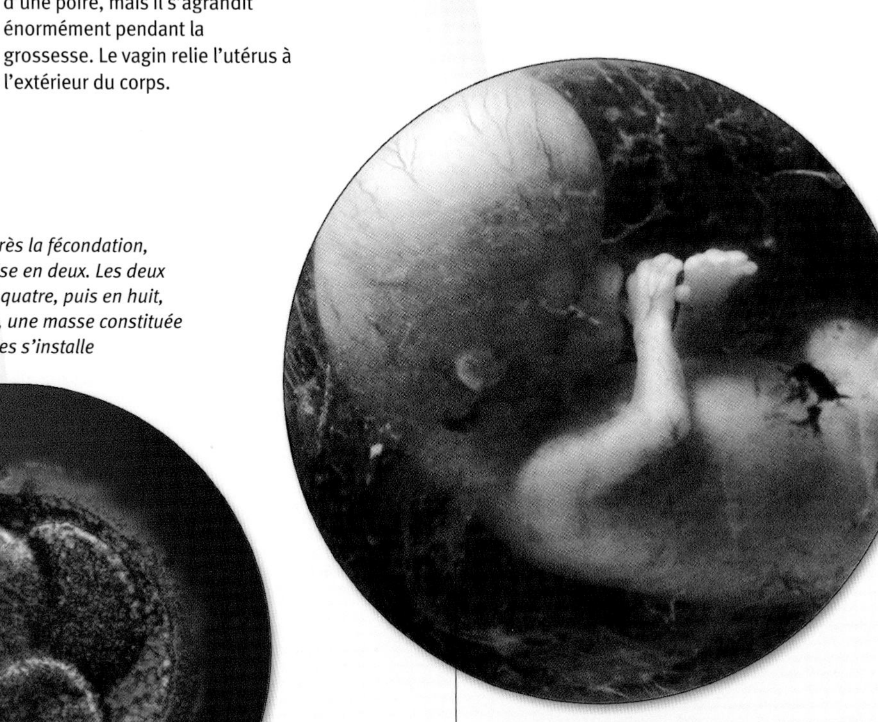

3 **Le corps prend forme** *À six semaines, des millions de cellules constituent les organes tels que le cerveau, le foie et le cœur. L'embryon, de la taille d'un grain de raisin, a déjà des bras, des jambes, des oreilles et des yeux.*

5 Paré pour la naissance *À 9 mois, le fœtus est un bébé prêt à venir au monde. Le poids moyen d'un nouveau-né est de 3,4 kg et sa taille moyenne de 50 cm.*

4 Ça bouge *Vers 3 mois, le bébé mesure environ 6 cm et s'appelle un fœtus. Il bouge les bras et les jambes à l'intérieur d'un sac membraneux contenant du liquide amniotique. Il reçoit de l'oxygène et des aliments nutritifs provenant du placenta par l'intermédiaire du cordon ombilical.*

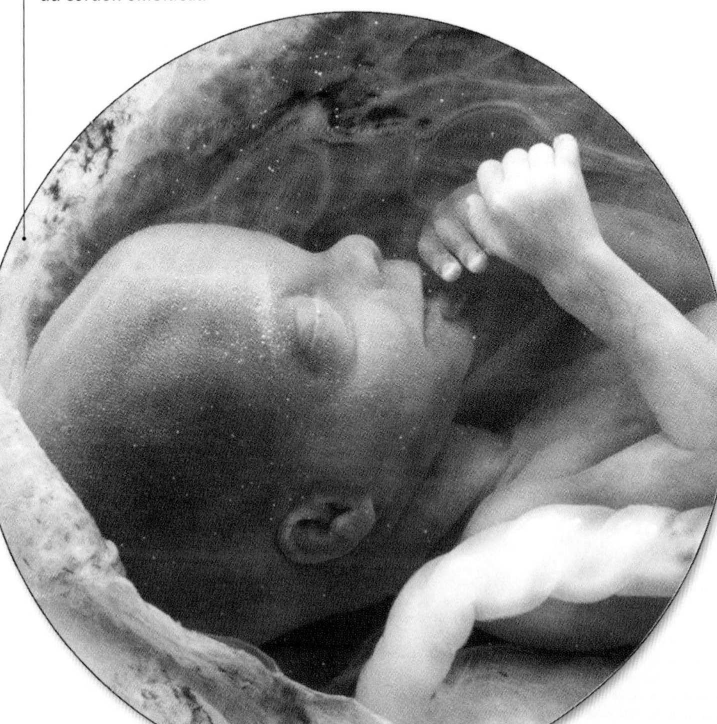

Les organes génitaux masculins

Les hommes ont deux testicules et un pénis, ainsi qu'un système de conduits et de glandes qui les relient. Les spermatozoïdes sont fabriqués et stockés dans les testicules. Après avoir été mélangés au sperme provenant des vésicules séminales, les spermatozoïdes sont expulsés par l'urètre pendant l'éjaculation.

La vessie

Les vésicules séminales Elles produisent un liquide laiteux appelé sperme.

La prostate C'est une glande de la taille d'une noix située tout autour de l'urètre.

Le pénis C'est l'organe sexuel externe de l'homme.

L'urètre Il conduit le sperme et l'urine hors du corps.

Les testicules Ces organes produisent les spermatozoïdes.

Le scrotum C'est l'enveloppe contenant les testicules.

Le canal déférent Il transporte les spermatozoïdes vers le pénis.

L'épididyme Long conduit sinueux dans lequel les spermatozoïdes achèvent leur maturation.

Vrais et faux jumeaux

Des vrais jumeaux viennent au monde quand un ovule fécondé se sépare en deux. Chaque moitié se développe. Il y a donc deux fœtus dont les gènes sont identiques. Les deux enfants se ressemblent. Des faux jumeaux viennent au monde quand deux ovules fécondés par deux spermatozoïdes se développent ensemble dans l'utérus. Dans ce cas, les enfants ne se ressemblent pas.

La vue

La vue est le plus important de nos cinq sens. Elle fournit presque les deux tiers des informations traitées par le cerveau. L'œil fonctionne un peu comme un appareil photo. Les rayons lumineux réfléchis par les objets pénètrent dans l'œil par la membrane bombée de la pupille, appelée la cornée. Ensuite, la lumière traverse la cornée et le cristallin pour converger sur la rétine, créant une image renversée. La rétine comporte environ 130 millions de cellules qui détectent la lumière et la couleur, comme une pellicule dans un appareil photo. Ces cellules génèrent des signaux électriques que le nerf optique achemine jusqu'au cerveau, où ils sont interprétés.

Les daltoniens
Ces personnes confondent souvent le rouge et le vert. Le daltonisme est un problème qui concerne les cellules de la rétine sensibles aux couleurs, et cette anomalie est plus courante chez les hommes. Si vous êtes daltonien, vous ne verrez pas les chiffres situés sur ce dessin.

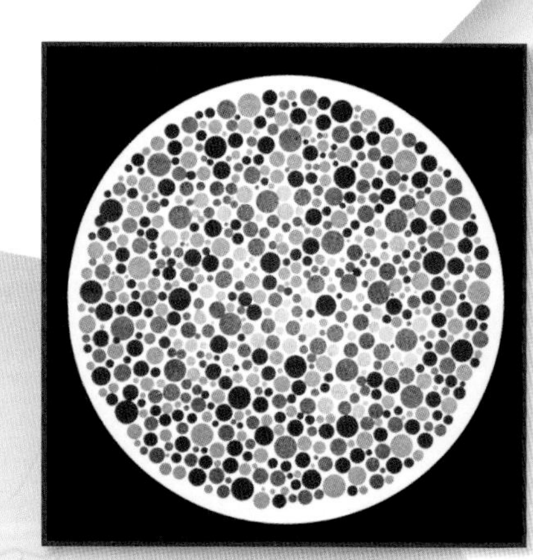

Glande lacrymale
Elle fabrique les larmes.

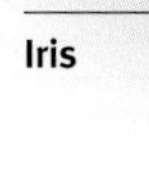

Pupille

Iris

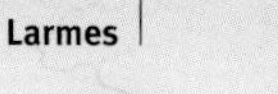

Larmes

Conduit nasolacrymal
Il achemine le liquide lacrymal jusqu'à l'intérieur du nez.

La pupille sous une lumière forte

Des lunettes de soleil incorporées
Quand la luminosité est forte, l'iris rétrécit la pupille pour protéger la rétine. Quand la lumière est faible, la pupille se dilate.

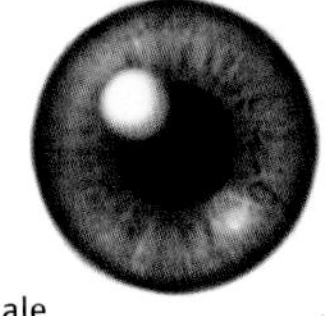

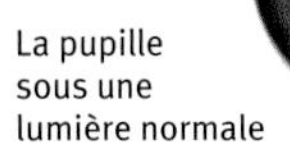

La pupille sous une lumière normale

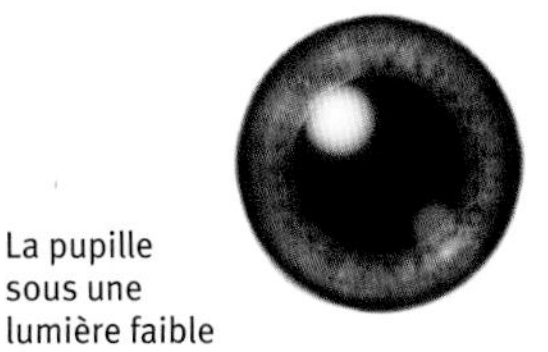

La pupille sous une lumière faible

DANS LE FLOU

Un globe oculaire trop long ou trop court entraîne un problème de visualisation des objets. Si le globe oculaire est trop long, on a du mal à voir les objets éloignés. C'est la myopie. L'hypermétropie, elle, est due à un globe oculaire trop court : on a du mal à voir des objets proches. Les lunettes sont le moyen le plus simple de résoudre ces problèmes.

Convergence de la lumière
La forme du globe oculaire dicte l'endroit où la lumière frappe la rétine. Si le globe oculaire est trop long, la lumière converge en avant de la rétine. S'il est trop court, l'image se forme en arrière de la rétine.

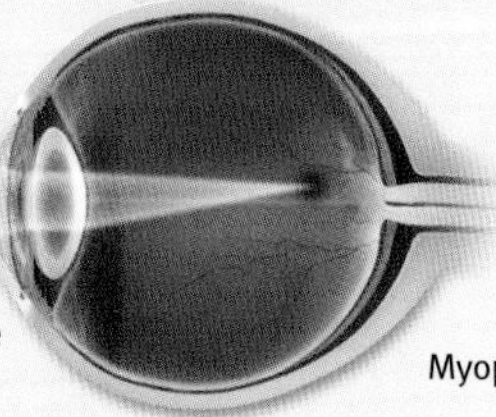

Myope

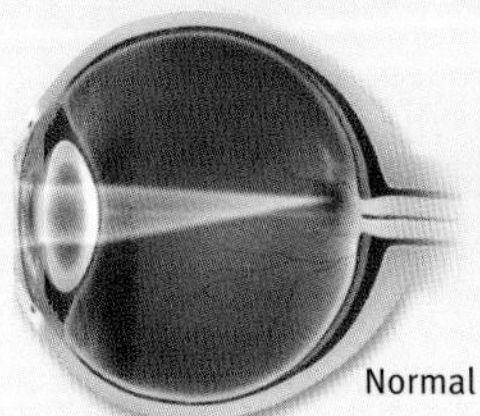

Normal

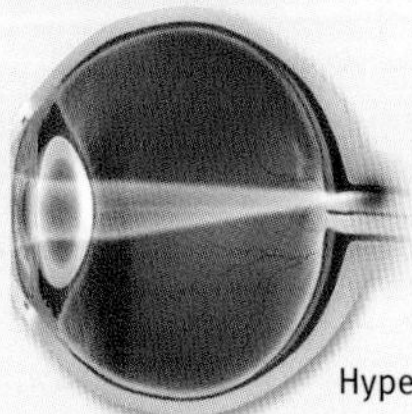

Hypermétrope

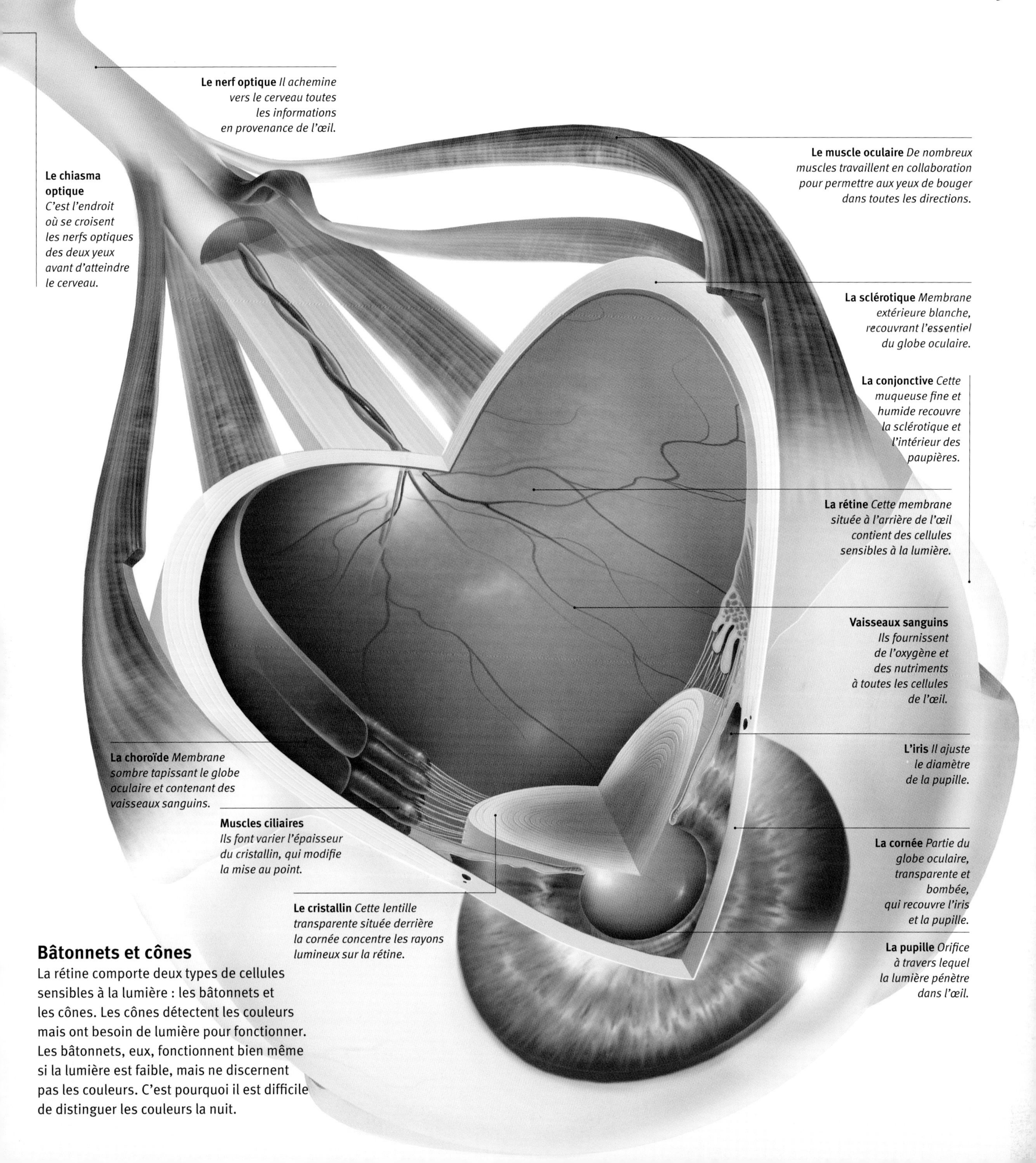

Bâtonnets et cônes

La rétine comporte deux types de cellules sensibles à la lumière : les bâtonnets et les cônes. Les cônes détectent les couleurs mais ont besoin de lumière pour fonctionner. Les bâtonnets, eux, fonctionnent bien même si la lumière est faible, mais ne discernent pas les couleurs. C'est pourquoi il est difficile de distinguer les couleurs la nuit.

L'odorat

Le goût et l'odorat sont étroitement liés. Ils nous permettent de savourer les aliments, mais peuvent aussi nous avertir de dangers potentiels, comme le feu ou le poison. Pour percevoir parfaitement une saveur, nous avons besoin de ces deux sens. C'est pourquoi on a l'impression que la nourriture n'a pas de goût quand on est enrhumé. L'odorat fonctionne au moyen de récepteurs olfactifs situés dans la partie supérieure du nez. Les molécules odorantes sont respirées par le nez, où elles entrent en contact avec les récepteurs sensoriels et déclenchent des impulsions nerveuses. Celles-ci sont transmises à la région du cerveau qui détermine la nature de l'odeur, que ce soit du chocolat ou des œufs pourris. L'homme détecte plus de 10 000 odeurs différentes.

ÉTERNUEMENTS À VITESSE GRAND V

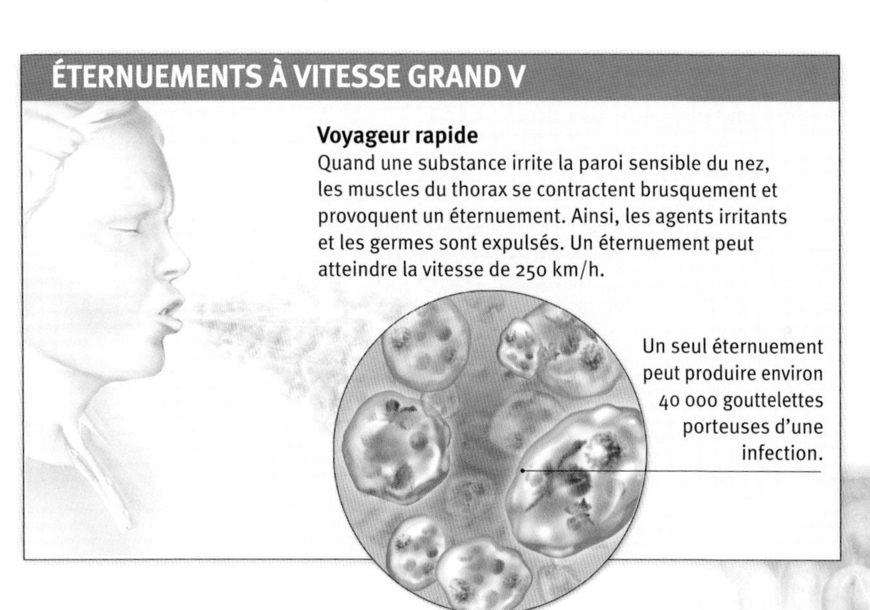

Voyageur rapide
Quand une substance irrite la paroi sensible du nez, les muscles du thorax se contractent brusquement et provoquent un éternuement. Ainsi, les agents irritants et les germes sont expulsés. Un éternuement peut atteindre la vitesse de 250 km/h.

Un seul éternuement peut produire environ 40 000 gouttelettes porteuses d'une infection.

Récepteurs olfactifs
Les cellules olfactives comportent des cils. Ceux-ci détectent les molécules odorantes et envoient l'impulsion nerveuse au cerveau par l'intermédiaire du bulbe olfactif.

Nerfs conduisant au cerveau

Cellules réceptrices

Molécules odorantes

Cils olfactifs

Bulbe olfactif

Narine

Le museau du chien
L'odorat du chien est infiniment plus développé que celui de l'homme, car son museau contient 25 fois plus de récepteurs olfactifs.

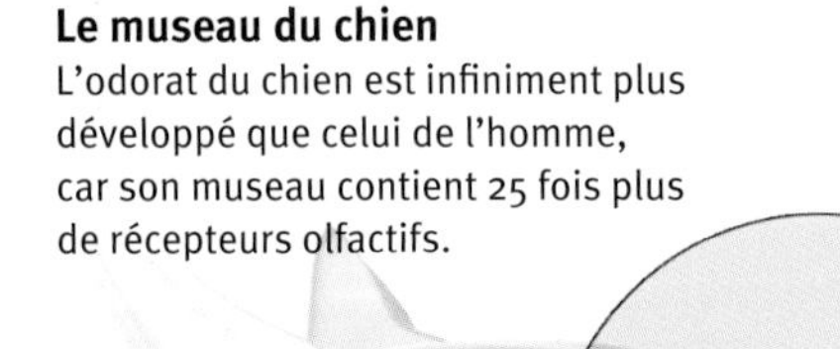

Zone olfactive

Narine

Le nez s'y connaît
Les zones olfactives se trouvent au fond de la cavité nasale. Chacune contient environ 10 millions de cellules détectant les odeurs.

Piège à germes

Organe de l'odorat, le nez permet aussi de filtrer l'air inhalé. La cavité nasale est tapissée d'un mucus qui capture les impuretés et les germes, les empêchant ainsi d'atteindre les poumons.

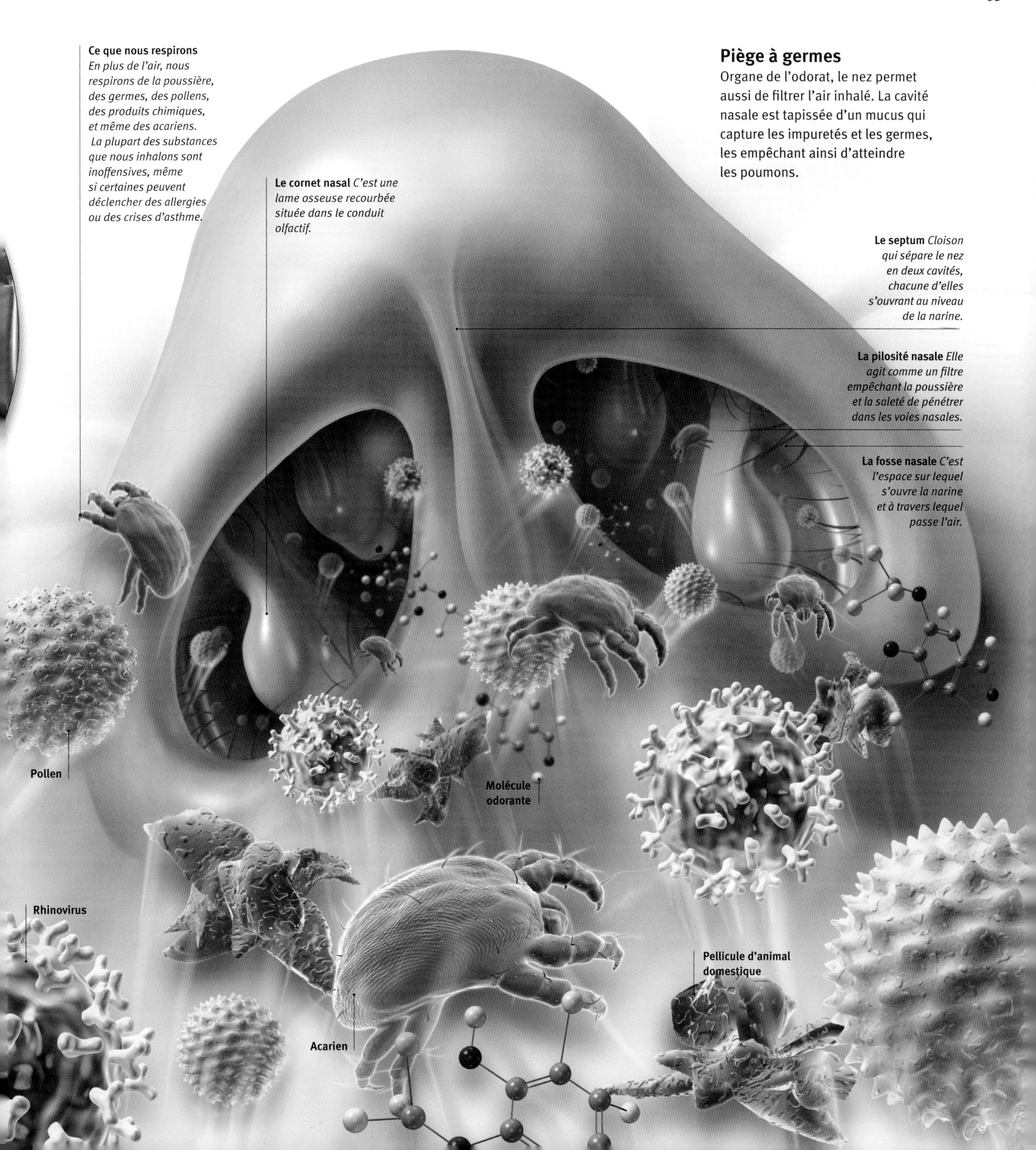

Le goût

Le goût est le sens qui détecte les saveurs. Lorsque nous mangeons des aliments, ces saveurs sont dissoutes par la salive, ce qui leur permet d'entrer en contact avec les cellules réceptrices du goût (ou bourgeons), situées à la surface de la langue. Il en existe plus de 8 000. Les cellules du goût ne reconnaissent que quatre saveurs fondamentales : le salé, l'amer, l'acide et le sucré. Les douzaines de cellules sensorielles contenues dans chaque bourgeon envoient des informations sur les proportions de ces quatre saveurs vers le cerveau, qui les interprète comme une seule et unique saveur. Les cellules réceptrices du goût situées dans les bourgeons sont renouvelées tous les dix jours.

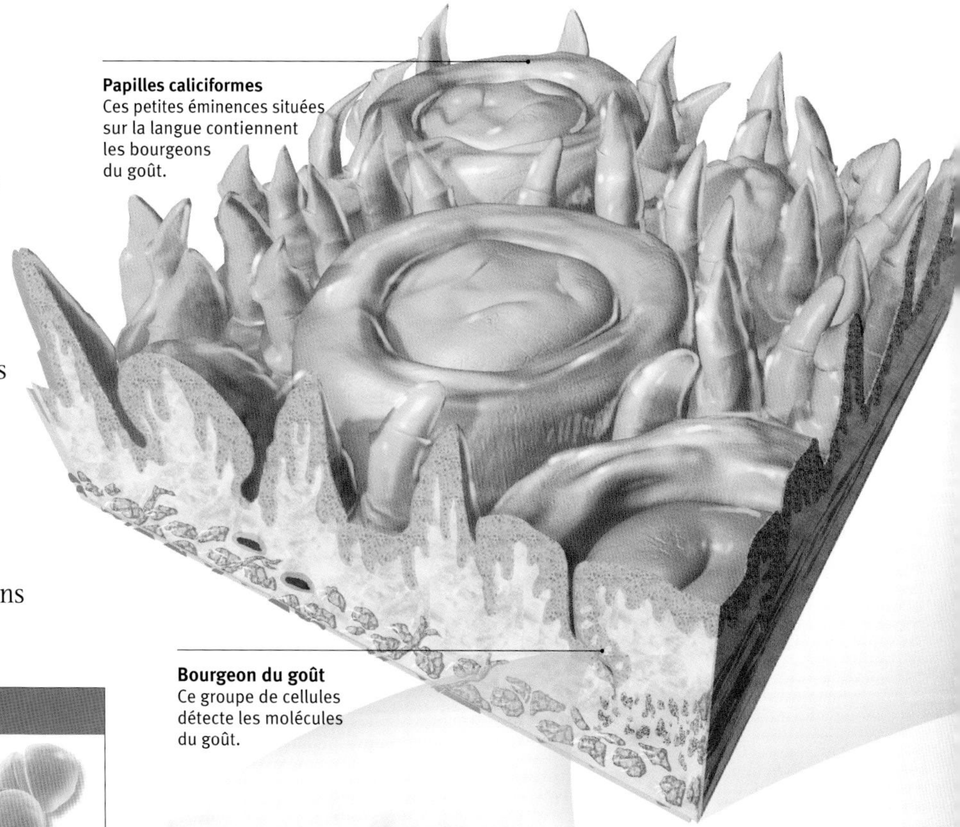

Papilles caliciformes Ces petites éminences situées sur la langue contiennent les bourgeons du goût.

Bourgeon du goût Ce groupe de cellules détecte les molécules du goût.

PAS TROP SUCRÉ

Le sucre colle aux dents et attire les bactéries qui produisent de l'acide. Celui-ci détruit l'émail des dents et provoque des caries.

1. La carie se forme sur l'émail de la dent.
2. La carie atteint la dentine.
3. La carie finit par attaquer la pulpe dentaire, qui contient des fibres nerveuses très sensibles.

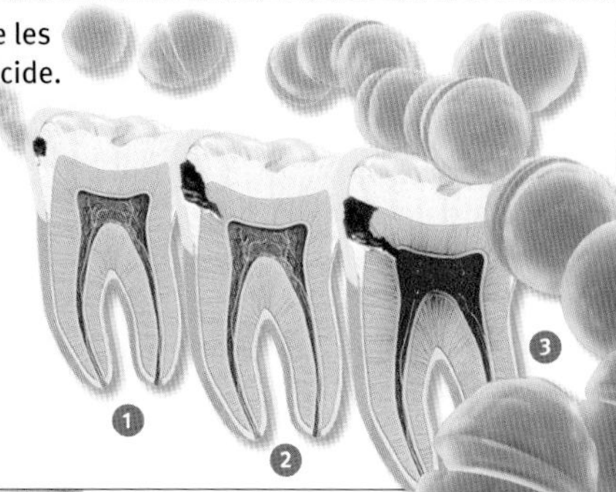

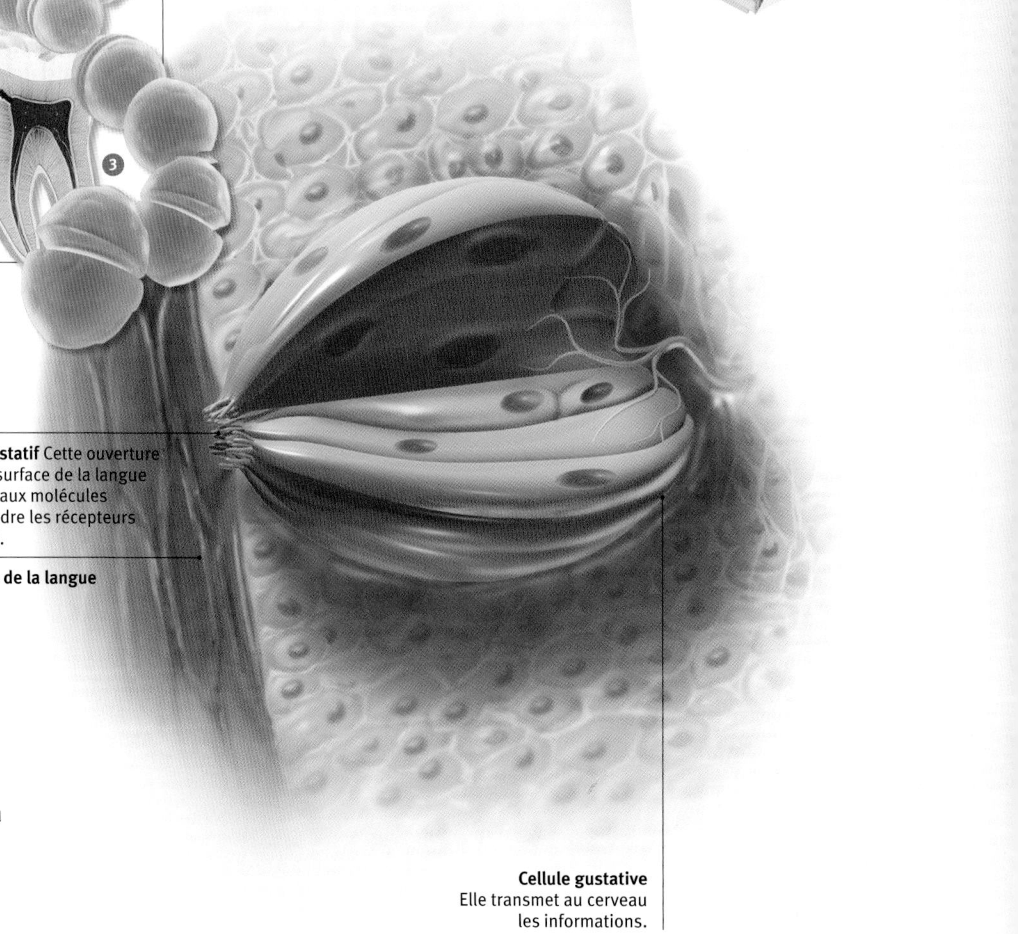

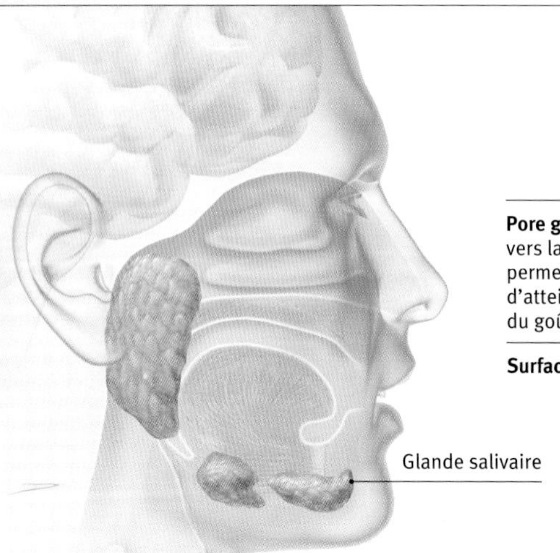

Pore gustatif Cette ouverture vers la surface de la langue permet aux molécules d'atteindre les récepteurs du goût.

Surface de la langue

Glande salivaire

Rôle de la salive
Les trois glandes salivaires d'un individu fabriquent environ 710 ml de salive par jour. La salive prépare les aliments pour leur digestion, facilite la mastication et joue aussi un rôle antiseptique.

Cellule gustative
Elle transmet au cerveau les informations.

Les fonctions de la langue

La langue ne détecte pas seulement le goût, elle joue aussi un grand rôle dans la digestion et la parole. C'est le muscle le plus puissant et le seul qui soit rattaché au reste du corps par une seule extrémité.

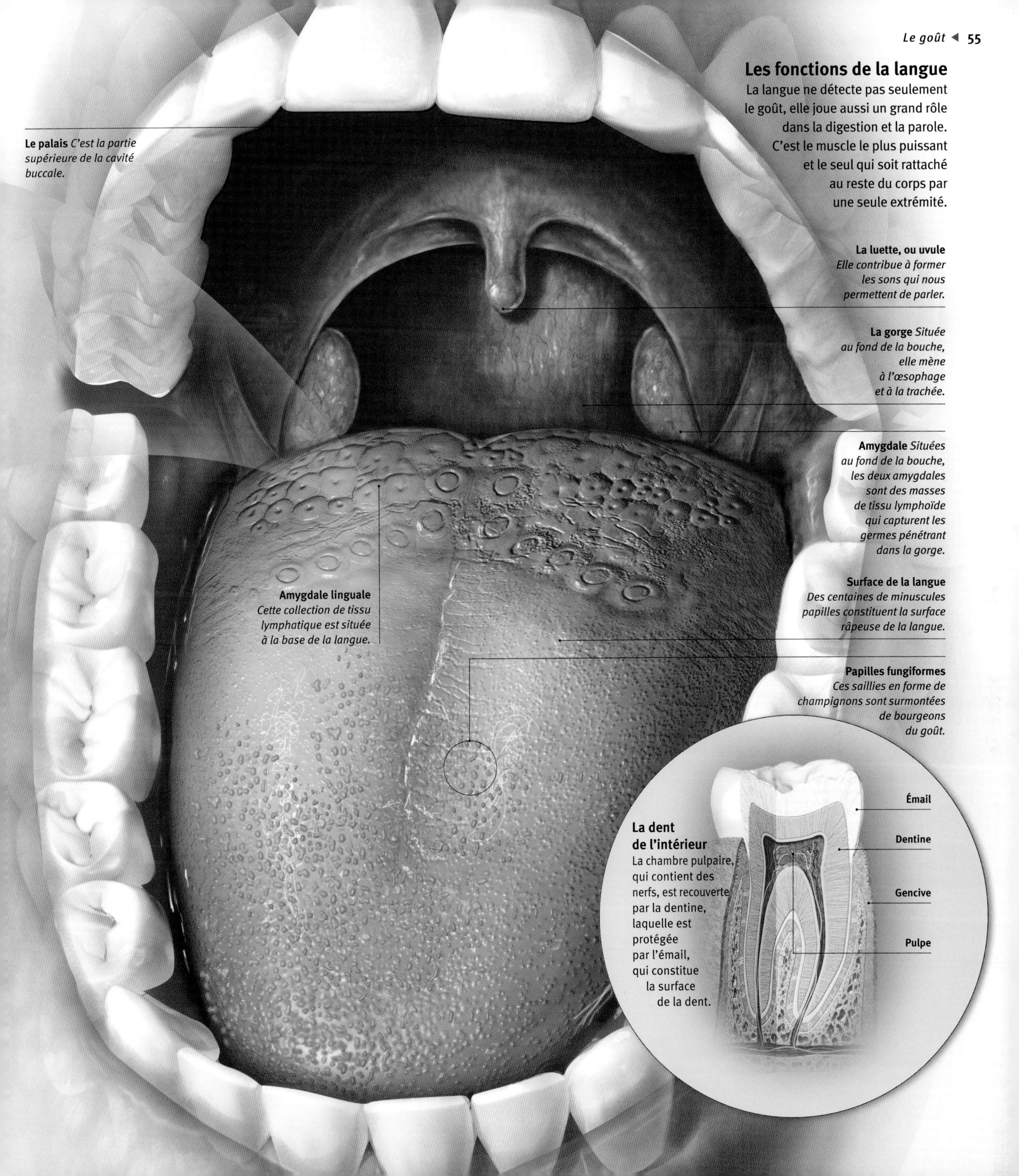

La dent de l'intérieur

La chambre pulpaire, qui contient des nerfs, est recouverte par la dentine, laquelle est protégée par l'émail, qui constitue la surface de la dent.

L'ouïe

L'audition consiste à enregistrer les sons qui proviennent de l'extérieur et à les transmettre au cerveau, où ils sont interprétés. Le son voyage par les ondes. Les ondes sonores traversent le conduit auditif et viennent frapper le tympan, faisant vibrer sa fine membrane. Ceci déclenche des vibrations sur les trois osselets de l'oreille moyenne, qu'ils transmettent à l'oreille interne, remplie de liquide. Les vibrations créent des ondulations dans ce liquide. Les microscopiques cellules ciliées de l'oreille interne traduisent ces mouvements mécaniques en impulsions électriques transmises au cerveau. Celui-ci les interprète en tant que sons.

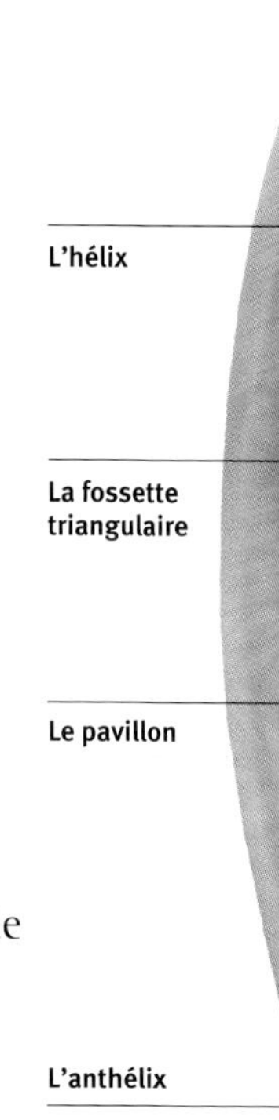

DUR D'OREILLE

Une audition défectueuse ou une surdité peuvent être causées par de nombreux facteurs. Parfois, il s'agit d'un problème congénital lié à une anomalie génétique. L'exposition prolongée à des bruits intenses peut aussi expliquer, plusieurs années plus tard, une perte d'audition.

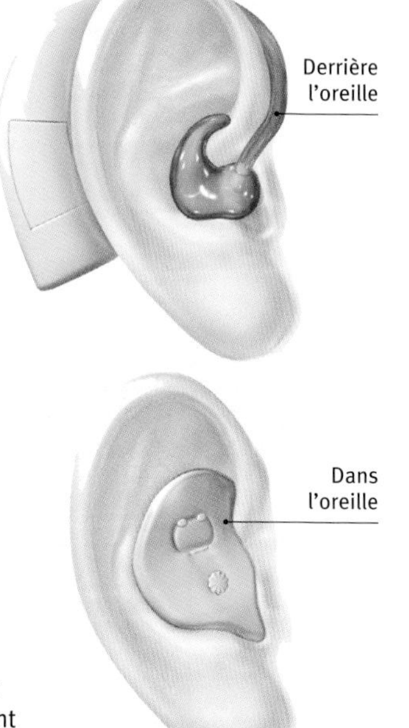

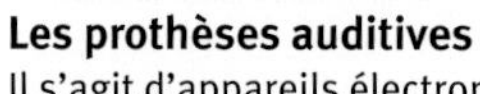

Les prothèses auditives
Il s'agit d'appareils électroniques qui reçoivent les sons dans un micro, puis les amplifient avant de les transmettre au tympan. Ils peuvent se porter à l'intérieur ou à l'extérieur de l'oreille.

Une deuxième fonction

L'oreille ne détecte pas seulement les sons, elle est aussi indispensable à l'équilibre. À l'intérieur de l'oreille interne se trouvent des canaux semi-circulaires remplis d'un liquide et tapissés de cellules nerveuses qui détectent les mouvements à l'intérieur du liquide. Des signaux provenant de ces cellules envoient au cerveau des informations sur l'équilibre.

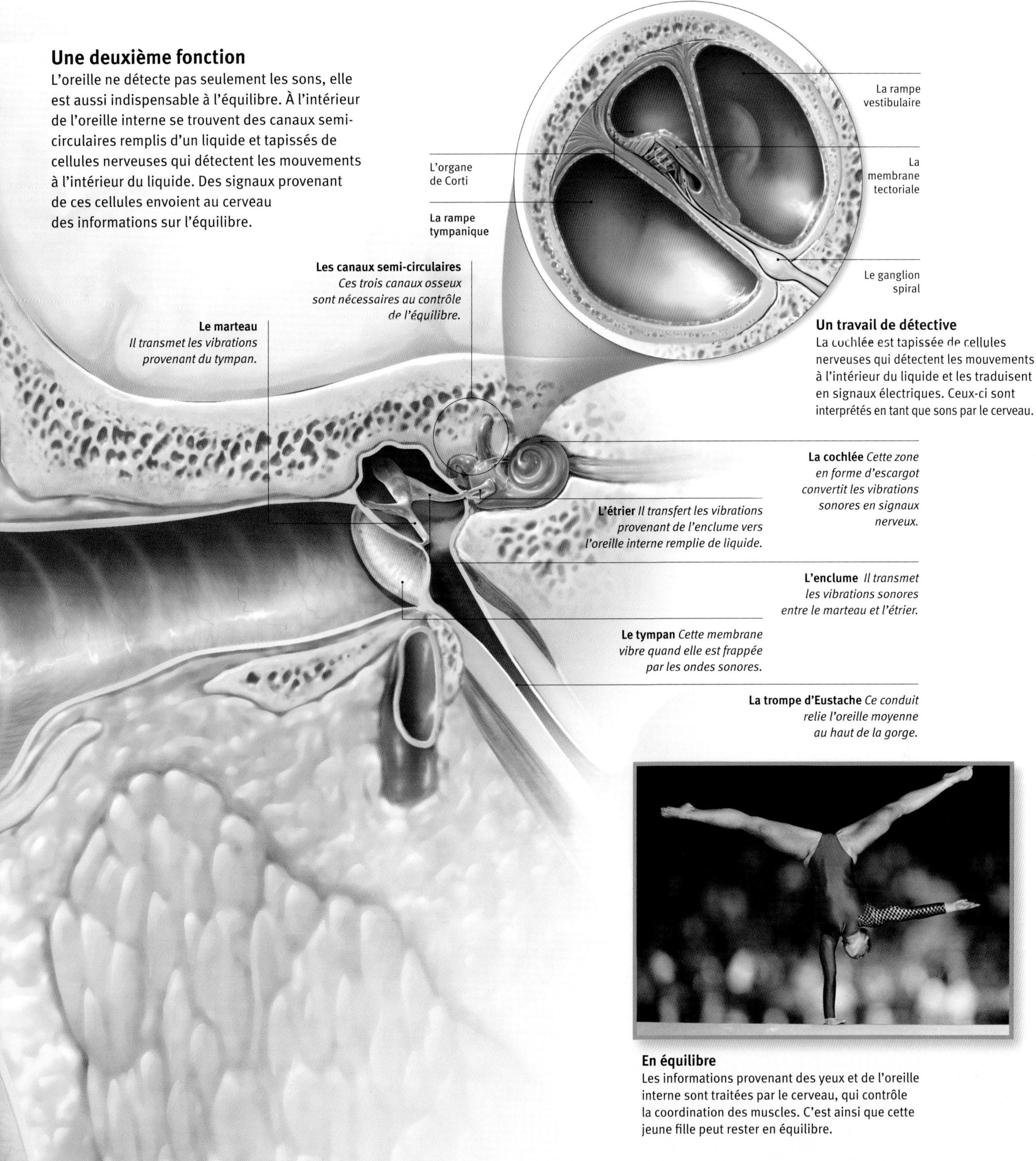

Un travail de détective

La cochlée est tapissée de cellules nerveuses qui détectent les mouvements à l'intérieur du liquide et les traduisent en signaux électriques. Ceux-ci sont interprétés en tant que sons par le cerveau.

En équilibre

Les informations provenant des yeux et de l'oreille interne sont traitées par le cerveau, qui contrôle la coordination des muscles. C'est ainsi que cette jeune fille peut rester en équilibre.

VUE
ODORAT
GOÛT
OUÏE
TOUCHER

Le toucher

Le toucher fonctionne grâce à des récepteurs situés dans la peau, le plus grand organe sensoriel du corps. Des millions de cellules nerveuses enregistrent la pression, la douleur, la chaleur, le froid et le contact. La sensibilité des parties du corps dépend du nombre de leurs récepteurs sensoriels. Les zones les plus sensibles sont les mains, les lèvres, le visage, la langue et le bout des doigts. La zone la moins sensible est le milieu du dos. Des signaux provenant des récepteurs sensoriels sont envoyés au cerveau et interprétés dans la région appelée le cortex sensoriel.

Cerveau touche-à-tout
La bande bleue montre la région qui correspond au centre du toucher. Celui-ci est divisé en différentes sections qui traitent les information provenant des parties du corps, comme le montre l'illustration ci-dessous.

Cortex sensoriel

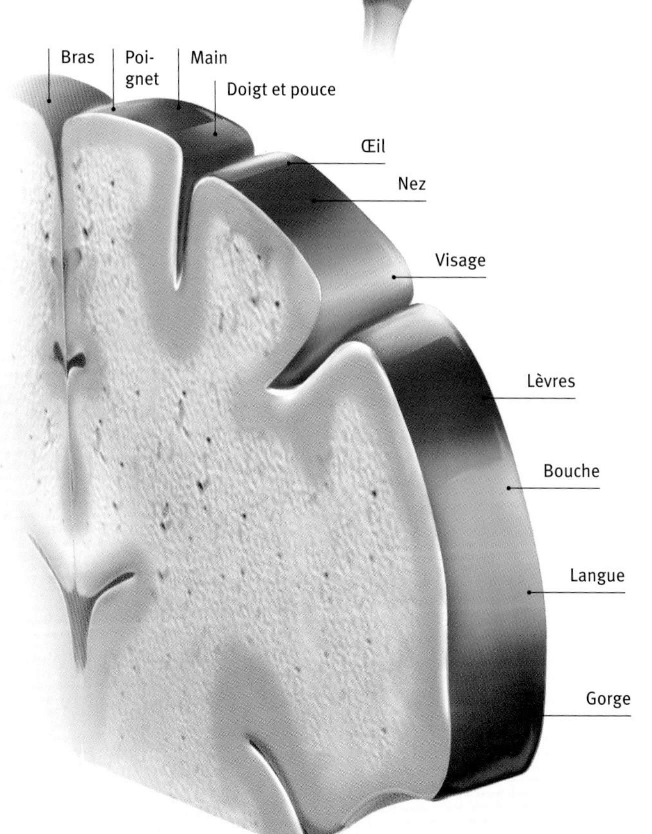

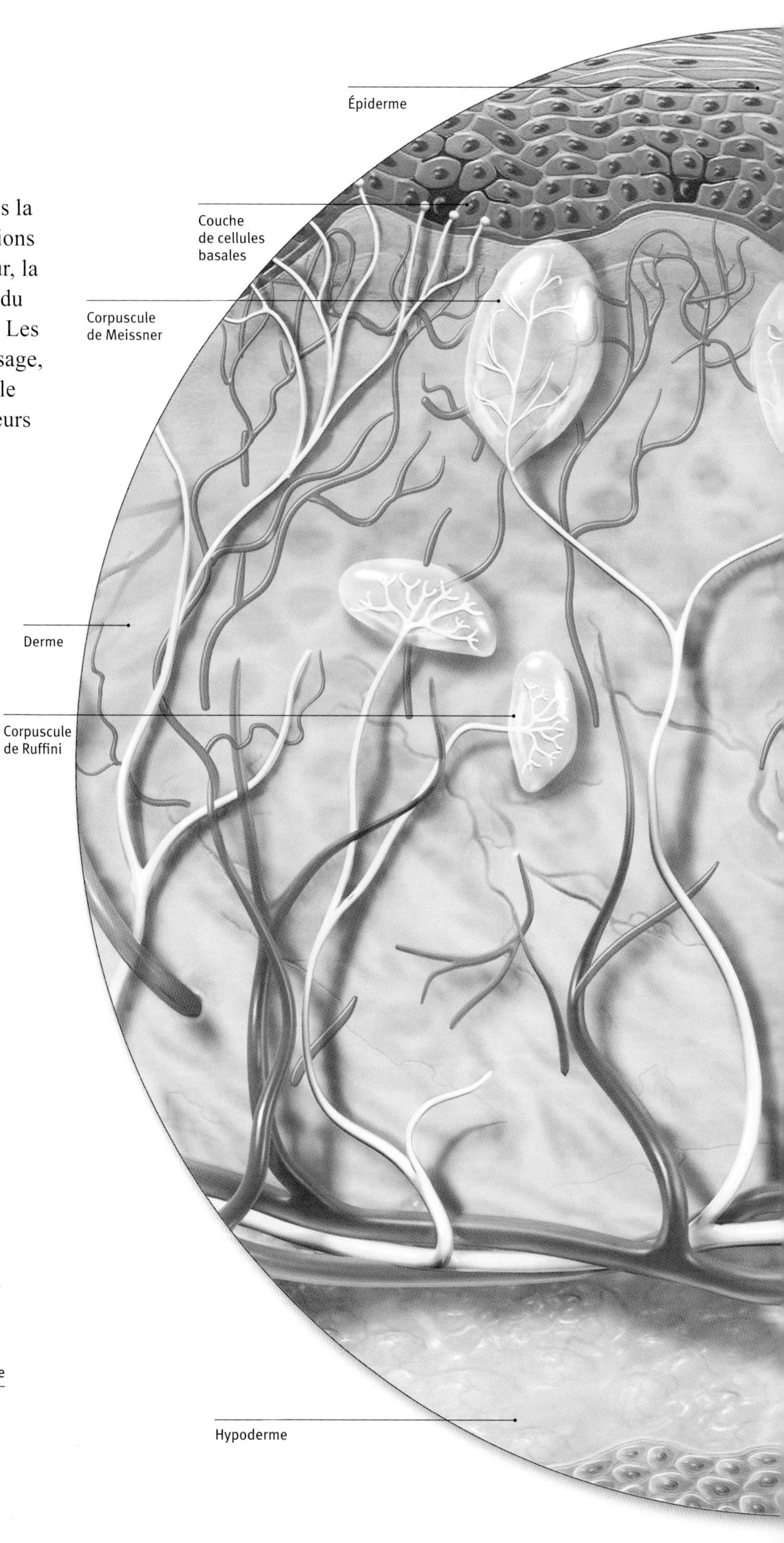

Les récepteurs du toucher

Il existe environ 20 types de récepteurs sensoriels à l'intérieur de la peau, répartis dans tout le corps. Chacun correspond à un stimulus particulier, comme la pression, la température ou la douleur, ce qui aide le cerveau à interpréter les informations.

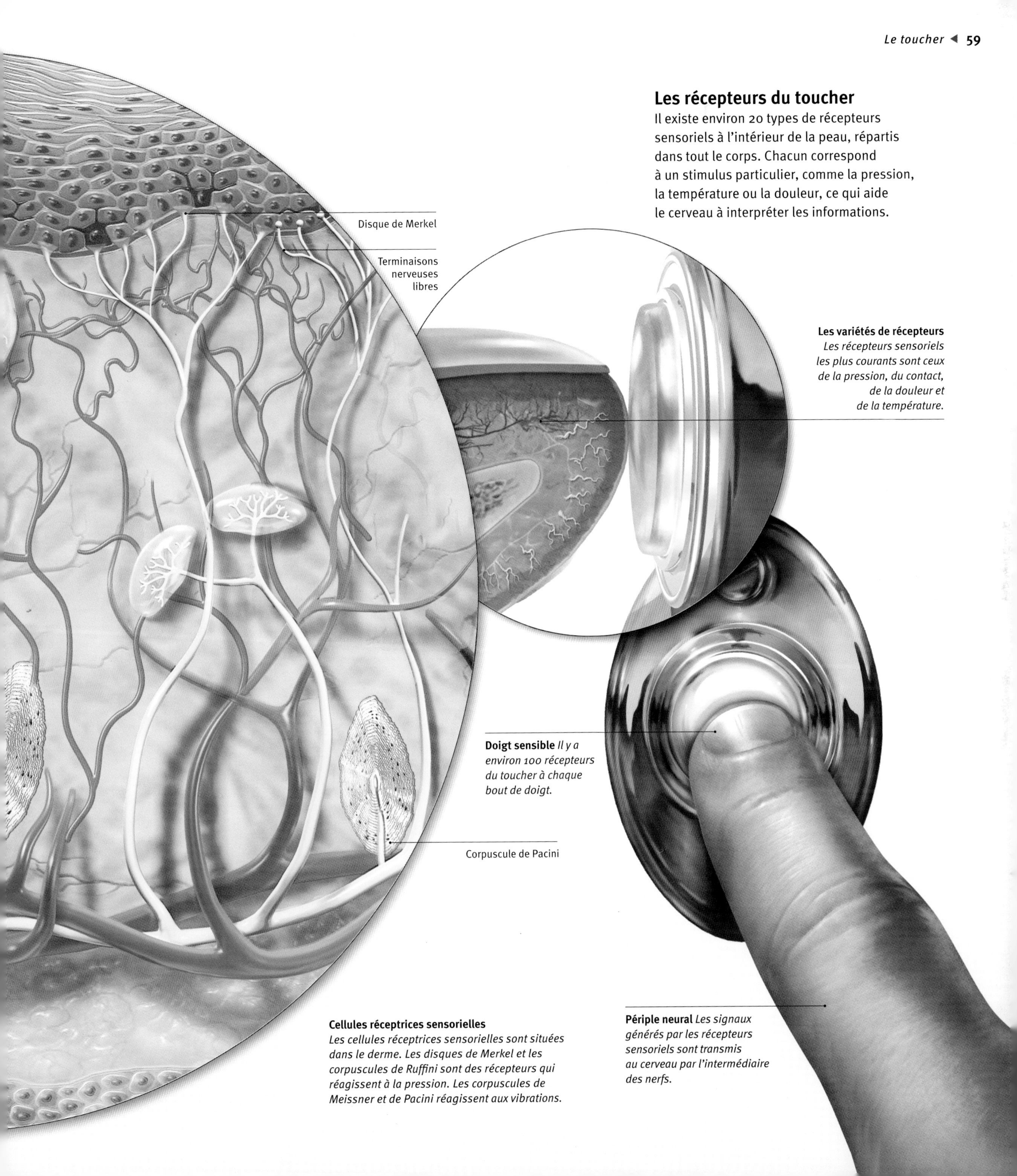

Les variétés de récepteurs *Les récepteurs sensoriels les plus courants sont ceux de la pression, du contact, de la douleur et de la température.*

Doigt sensible *Il y a environ 100 récepteurs du toucher à chaque bout de doigt.*

Cellules réceptrices sensorielles
Les cellules réceptrices sensorielles sont situées dans le derme. Les disques de Merkel et les corpuscules de Ruffini sont des récepteurs qui réagissent à la pression. Les corpuscules de Meissner et de Pacini réagissent aux vibrations.

Périple neural *Les signaux générés par les récepteurs sensoriels sont transmis au cerveau par l'intermédiaire des nerfs.*

Récapitulatif

Un bon équilibre

Une alimentation saine et équilibrée est essentielle pour se maintenir en bonne santé. Cette pyramide indique les proportions à respecter lorsque l'on mange.

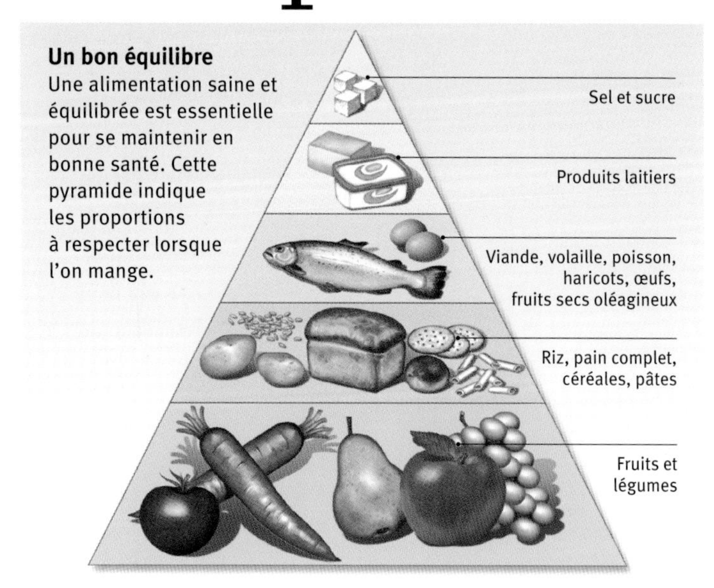

PANORAMA MONDIAL

Les rations alimentaires

La calorie (ou kilojoule) est l'unité qui sert à mesurer l'énergie contenue dans les aliments. La ration moyenne que l'on recommande de consommer est de 2 000 calories (8 400 kj) par jour pour les femmes et 2 500 calories (10 000 kj) pour les hommes. La carte ci-dessous indique les quantités de calories consommées par jour dans les différents pays du monde.

- Plus de 3 200 calories (13 400 kilojoules) par personne
- De 2 900 à 3 200 calories (12 000 - 13 400 kilojoules) par personne
- De 2 600 à 2 900 calories (10 900 - 12 000 kilojoules) par personne
- De 2 300 à 2 600 calories (9 600 - 10 900 kilojoules) par personne
- De 2 000 à 2 300 calories (8 400 - 9 600 kilojoules) par personne
- Moins de 2 000 calories (8 400 kilojoules) par personne
- Données insuffisantes

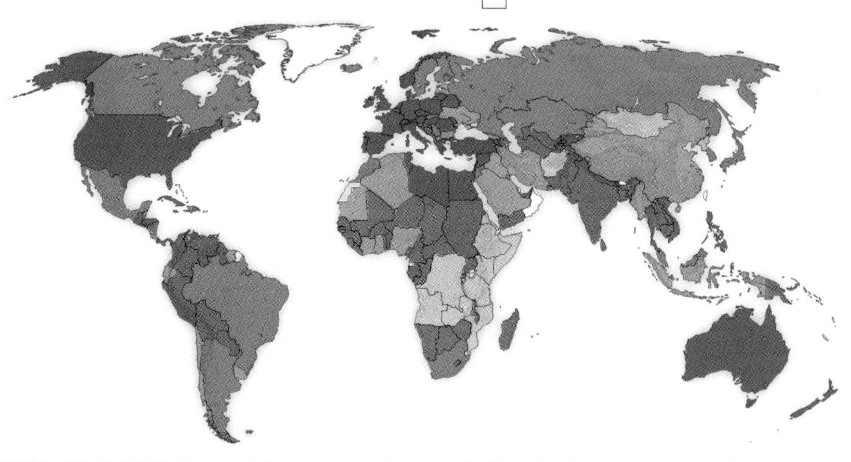

GUIDE SUR LES VITAMINES, LES MINÉRAUX ET LES OLIGOÉLÉMENTS

Vitamine	Où la trouve-t-on ?	À quoi sert-elle ?
A	Viande, laitages, légumes.	Est indispensable pour avoir une bonne vision. Protège contre les infections et maintient la santé de la peau, des cheveux et des ongles.
D	Huiles de foie de poisson, jaune d'œuf, lait enrichi. Est aussi fabriquée par la peau lors de l'exposition au soleil.	Permet de maintenir un niveau normal de calcium dans le sang.
E	Céréales complètes, légumes verts à feuilles, huiles végétales, jaune d'œuf.	Antioxydant ralentissant le vieillissement des cellules.
K	Fabriquée par des microorganismes situés dans l'intestin.	Nécessaire à la coagulation.
B1 (thiamine)	Viande maigre, céréales enrichies, fruits secs oléagineux, produits à base de levure.	Favorise l'assimilation des glucides et le bon fonctionnement des systèmes nerveux et cardiaque.
B2 (riboflavine)	Lait et produits laitiers, céréales enrichies, viande, œufs, produits à base de levure.	Favorise l'assimilation des glucides, la cicatrisation et le bon fonctionnement des membranes muqueuses.
B3 (niacine)	Produits à base de levure, lait, viande, poisson, volaille, légumes, œufs, céréales complètes.	Nécessaire à l'assimilation des glucides et à la production d'énergie.
B5 (acide pantothénique)	La plupart des aliments, surtout le foie, les produits à base de levure et le jaune d'œuf.	Nécessaire au métabolisme des glucides, lipides et protéines.
B6	Poisson, légumes, céréales complètes, viande, pommes de terre, œufs.	Nécessaire à l'assimilation des aminoacides et des acides gras. Participe au bon fonctionnement du système nerveux.
B8 (biotine)	Fabriquée par les microorganismes de l'intestin ; on la trouve aussi dans le foie, le jaune d'œuf et les légumineuses .	Favorise l'assimilation des glucides et des acides gras.
B9 (acide folique)	Légumes verts à feuilles, foie, céréales complètes, légumineuses.	Favorise le renouvellement des cellules.
B12	La plupart des produits d'origine animale.	Importante pour le fonctionnement des cellules et la production des globules rouges.
C (acide ascorbique)	Agrumes, baies, poivrons, melons, choux, choux-fleurs, brocolis.	Favorise la croissance des tissus et la cicatrisation, freine le vieillissement des cellules, contribue au bon fonctionnement du système nerveux.

Minéraux	Où les trouve-t-on ?	À quoi servent-ils ?
Calcium	Lait et produits laitiers, poissons avec arêtes en conserve, tofu, légumes vert foncé, mélasse.	Favorise la bonne santé des os et des dents. Nécessaire aussi au fonctionnement nerveux et musculaire.
Fluor	Eau fluorée.	Favorise la croissance des os et des dents.
Iode	Fruits de mer, sel iodé.	Indispensable au bon fonctionnement de la thyroïde.
Fer	Viande (surtout rouge), foie, céréales complètes, légumes verts à feuilles, tofu, jaune d'œuf.	Principal composant des globules rouges et des cellules musculaires.
Magnésium	Légumineuses, légumes vert foncé, fruits secs oléagineux, céréales complètes.	Nécessaire à la croissance des os et des dents et au bon fonctionnement des systèmes nerveux et musculaire.
Phosphore	Viande, volaille, céréales complètes.	Favorise la croissance des os et des dents.
Potassium	Lait, bananes.	Nécessaire au bon fonctionnement des nerfs et des muscles.
Sélénium	Viande, germes de blé, fruits de mer.	Antioxydant.
Sodium	Sel, la plupart des aliments en conserve.	Nécessaire à la transmission nerveuse et musculaire.
Zinc	Viande, œufs, produits laitiers.	Favorise la cicatrisation, la croissance et contribue au bon fonctionnement du toucher et de l'odorat.

Une question de hasard

L'endroit où nous vivons sur la planète joue un rôle déterminant sur notre santé et notre espérance de vie. L'accès à l'eau courante et potable, à une bonne alimentation et aux soins médicaux diminue nos risques de tomber malades et accroît nos chances de vivre longtemps.

- Maladies infectieuses et parasitaires
- Cancers
- Maladies cardiovasculaires
- Maladies postnatales
- Accidents
- Autres*

* Parmi les autres causes de mortalité, on compte la malnutrition, les maladies mentales, le diabète, la cirrhose du foie, les affections pulmonaires, les néphropathies et les malformations congénitales.

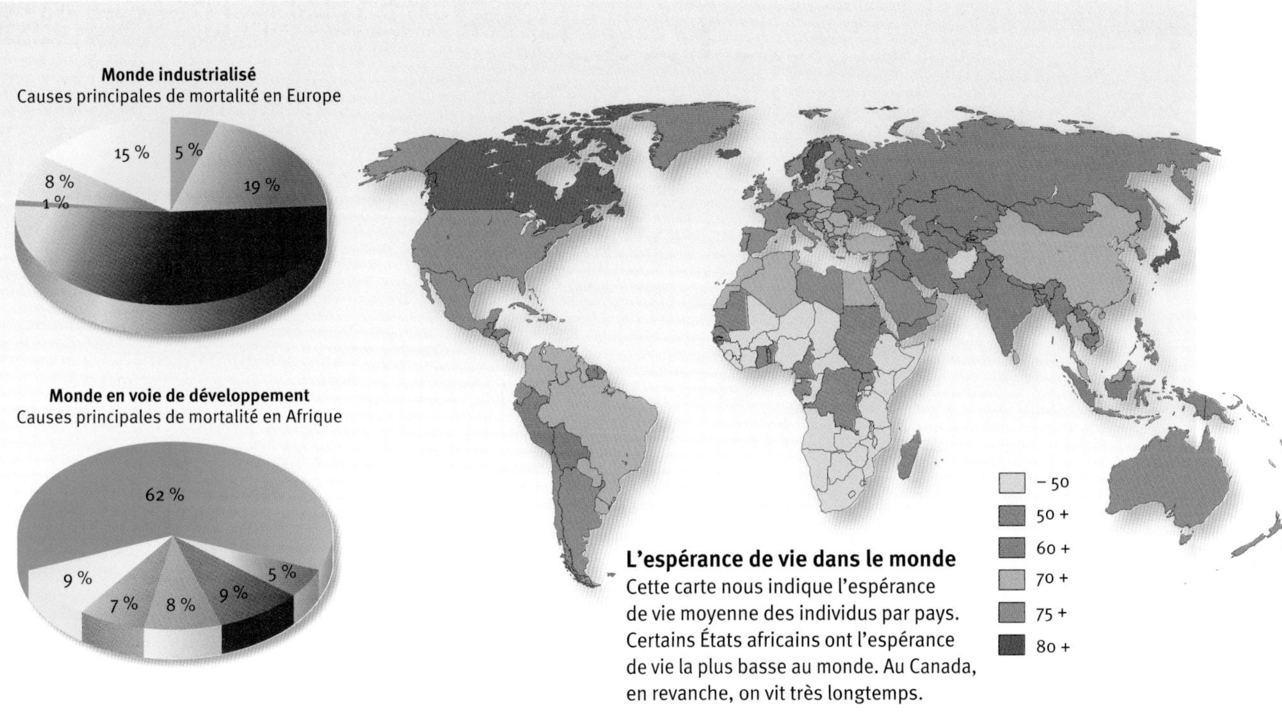

L'espérance de vie dans le monde

Cette carte nous indique l'espérance de vie moyenne des individus par pays. Certains États africains ont l'espérance de vie la plus basse au monde. Au Canada, en revanche, on vit très longtemps.

TOUS LES SYSTÈMES D'UN SEUL COUP D'ŒIL

Cœur

Estomac

Vessie

Muscle

Tendon

Système	Éléments du système	Principales fonctions
Nerveux	Cerveau, moelle épinière, nerfs.	Détecte les stimuli externes et internes. Contrôle et coordonne tous les systèmes du corps, la pensée, la mémoire et les émotions.
Endocrinien	Glandes, notamment hypophyse, thyroïde, pancréas, testicules, ovaires.	Sécrète des hormones qui contrôlent et régulent les fonctions corporelles.
Reproducteur	Femme : ovaires, trompes de Fallope, utérus, vagin. Homme : testicules, canaux déférents, pénis.	Chez la femme, produit des ovules, nourrit le fœtus en développement et prépare la naissance de l'enfant. Chez l'homme, produit des spermatozoïdes et permet la fécondation d'un ovule.
Digestif	Bouche, œsophage, estomac, intestins, foie, pancréas, vésicule biliaire.	Absorbe les éléments nutritifs provenant des aliments ingérés, puis les met à la disposition des cellules du corps. Élimine les déchets.
Respiratoire	Trachée, bronches, poumons, diaphragme.	Absorbe de l'oxygène et le distribue aux cellules du corps. Élimine le gaz carbonique.
Circulatoire	Cœur, artères et veines.	Transporte de l'oxygène, du gaz carbonique, des éléments nutritifs et des hormones dans tout le corps. Contribue à la régulation de la température corporelle.
Immunitaire	Lymphe, vaisseaux lymphatiques, ganglions lymphatiques, rate.	Recueille le liquide qui baigne les tissus puis le déverse dans le sang. Contribue à défendre le corps contre les organismes vecteurs de maladies.
Urinaire	Reins, vessie, uretères, urètre.	Assure la régulation du volume et de la composition des liquides du corps. Élimine les déchets.

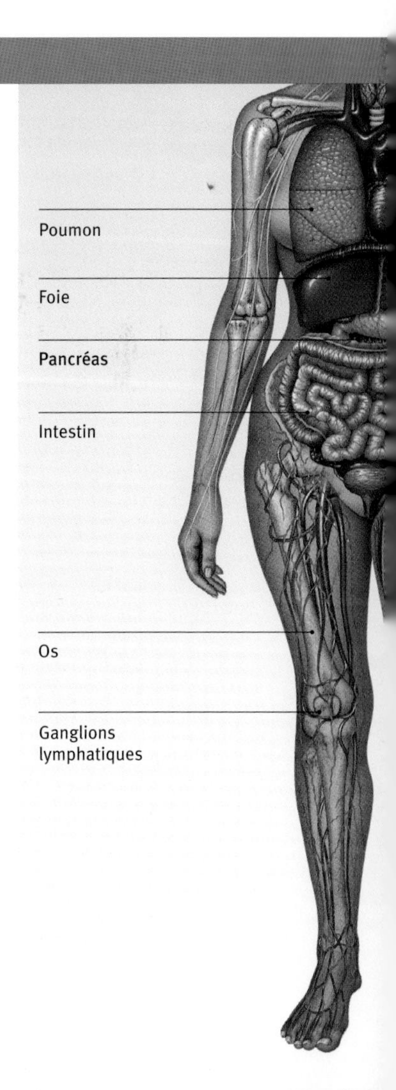

Glossaire

ADN (acide désoxyribonucléique) molécule à partir de laquelle sont formés les chromosomes. Support de l'information génétique, l'ADN est localisé dans le noyau des cellules.

agent pathogène organisme microscopique responsable d'une maladie, tel qu'un virus ou une bactérie.

alvéoles pulmonaires minuscules poches d'air du poumon où ont lieu les échanges gazeux entre l'air et le sang.

artère vaisseau qui achemine le sang oxygéné du cœur vers les autres parties du corps.

asthme maladie entraînant un rétrécissement des voies respiratoires, ce qui rend la respiration difficile. Les symptômes sont notamment la toux et des sifflements dans la poitrine.

axone prolongement filiforme d'un neurone qui transmet les impulsions nerveuses vers un autre neurone.

bâtonnet cellule nerveuse sensible à la lumière et située dans la rétine.

boîte crânienne boîte osseuse renfermant et protégeant l'encéphale.

bronche l'un des deux conduits aériens des poumons qui naissent par bifurcation de la trachée.

canal déférent conduit à travers lequel les spermatozoïdes passent des testicules à l'urètre.

canal médullaire partie centrale des os, où se trouve la moelle.

canal semi-circulaire l'un des trois canaux osseux remplis de liquide. Situés dans l'oreille interne, ils contrôlent l'équilibre.

canal thoracique large vaisseau lymphatique.

cervelet région de l'encéphale qui contrôle l'équilibre et la coordination des mouvements.

chromosome structure filiforme présente dans le noyau des cellules et contenant des informations génétiques.

cils vibratiles minuscules filaments qui prolongent une cellule.

clavicule os qui relie l'épaule au sternum.

cochlée région de l'oreille interne essentielle à l'audition.

cônes cellules nerveuses situées dans la rétine et détectant la couleur.

conjonctive membrane muqueuse transparente qui tapisse le globe oculaire et l'intérieur des paupières.

corps calleux large bande de tissu nerveux située dans le cerveau et reliant les deux hémisphères.

cubitus le plus gros des deux os de l'avant-bras.

dendrite prolongement d'une cellule nerveuse transportant les signaux électriques vers le corps du neurone.

derme couche interne de la peau contenant vaisseaux sanguins, cellules nerveuses, glandes sudoripares et racines des poils.

diaphragme muscle bombé qui sépare la cavité thoracique de l'abdomen.

diastole période du cycle cardiaque au cours de laquelle le cœur se remplit de sang.

échographie technique utilisant des ultrasons émis par un appareil que l'on promène au-dessus de la région examinée. On enregistre et on interprète l'écho de ces vibrations sonores.

embryon être humain en formation depuis sa conception jusqu'à la huitième semaine de grossesse.

enclume l'un des trois osselets de l'oreille moyenne. Il transmet les vibrations sonores à l'oreille interne.

épiderme couche superficielle de la peau, où les cellules mortes sont constamment supprimées et remplacées.

épididyme petit corps allongé situé derrière le testicule, où les spermatozoïdes achèvent leur maturation.

épiglotte petit clapet de cartilage qui ferme l'entrée du larynx lorsqu'on mange ou boit, pour empêcher les aliments et les liquides de pénétrer dans les poumons.

érythrocyte autre nom du globule rouge. Il contient de l'hémoglobine, une protéine qui achemine l'oxygène dans toutes les parties du corps.

étrier le plus petit os du corps. L'un des trois osselets de l'oreille moyenne, il permet la transmission des vibrations sonores.

fœtus nom donné au bébé pendant son développement dans l'utérus, à partir de huit semaines après sa conception et jusqu'à la naissance.

ganglion lymphatique petite glande remplie de globules blancs qui font obstacle à l'infection.

glande organe qui sécrète une substance (par exemple, la salive ou une hormone) qu'elle diffuse dans le corps.

hémoglobine protéine contenue dans les globules rouges, à laquelle se lie l'oxygène.

hormone substance libérée dans le sang par une glande endocrine et qui déclenche une réaction spécifique dans les cellules.

humérus os du bras, qui relie l'épaule au coude.

hypophyse petite glande, située à la base du cerveau, qui sécrète des hormones contrôlant une large gamme de fonctions corporelles.

IRM (imagerie par résonance magnétique) technique d'imagerie utilisant les champs magnétiques et les ondes radio.

kératine protéine dure que l'on trouve notamment dans les cheveux et les ongles.

larynx organe situé au niveau de la gorge entre le pharynx et la trachée. Il abrite les cordes vocales.

lymphe liquide ambré circulant entre les cellules et contenant les globules blancs.

lymphocyte type de globule blanc jouant un rôle déterminant dans le système immunitaire.

macrophage type de globule blanc détruisant les germes intrus ou les cellules mortes.

mandibule os de la mâchoire inférieure. Il est relié au reste du crâne par une articulation mobile.

marteau l'un des trois osselets de l'oreille moyenne permettant la transmission des vibrations sonores.

maxillaire os de la mâchoire supérieure, formant la paroi de la joue.

mélanine pigment qui, en réaction à l'exposition aux rayons solaires, protège la peau en la colorant.

mitose phénomène de division cellulaire, où une cellule mère se divise en deux cellules filles, chacune pourvue de la même constitution génétique que la cellule mère.

moelle la moelle osseuse est un tissu situé au centre des os. La moelle épinière est la partie du système nerveux central se trouvant en dessous du tronc cérébral. Son rôle principal est de contrôler les fonctions involontaires telles que la respiration.

muscle couturier le plus long muscle du corps, situé dans la cuisse.

muscles interosseux petits muscles de la main.

néphron une des unités microscopiques du rein chargées de la filtration du sang. Un rein en contient environ 1 million.

neurone cellule nerveuse qui transmet des impulsions électriques par l'intermédiaire de ses longs prolongements.

noyau centre de contrôle de la cellule, il contient tout le matériel génétique dictant le fonctionnement de cette cellule.

œsophage conduit musculaire par où passe la nourriture, qui s'étend du pharynx à l'estomac.

omoplate os plat triangulaire situé à la face postérieure de l'épaule.

oreillette l'une des deux petites cavités supérieures du cœur. Le sang y est acheminé dans les veines.

os compact enveloppe externe des os qui les rend solides.

pavillon de l'oreille partie visible de l'oreille, à l'extérieur de la tête.

plaquettes fragments de grandes cellules présentes dans le sang et indispensables à la coagulation.

pont de Varole partie du tronc cérébral située à la base du cerveau.

prostate glande sexuelle masculine située sous la vessie, autour de l'urètre.

radius le plus court des deux os de l'avant-bras, reliant le coude au poignet.

rate le plus grand organe lymphatique du corps.

rayons X rayons invisibles qui traversent les tissus du corps humain mais ne peuvent pas pénétrer les os ou le métal.

rétine membrane sensible à la lumière, tapissant le fond de l'œil.

rotule os situé dans la face antérieure du genou, entre le tendon du quadriceps et le tendon rotulien.

sacrum os de forme pyramidale situé dans le bassin à la base de la colonne vertébrale.

scanner à rayons X technique utilisant les rayons X pour visualiser un organe par coupes.

synapse jonction entre deux neurones. Des impulsions électriques sont transmises à travers la synapse au moyen de messagers chimiques appelés neurotransmetteurs.

système immunitaire système de défense du corps. Il est constitué de globules blancs qui protègent celui-ci contre les agents porteurs de maladies (virus, bactéries, etc.).

systole période du cycle cardiaque au cours de laquelle le cœur se contracte, envoyant le sang dans les artères.

trachée conduit musculaire allant du pharynx aux bronches, à travers lequel circule l'air qui entre dans les poumons et qui en ressort.

trompe d'Eustache conduit étroit qui relie l'oreille moyenne au haut de la gorge. Il équilibre la pression des deux côtés du tympan.

tympan membrane séparant l'oreille externe de l'oreille moyenne. Elle réagit aux sons en vibrant.

utérus organe féminin dans lequel se développe le fœtus durant une période de 40 semaines.

ventricule l'une des deux cavités inférieures du cœur. Le ventricule gauche propulse le sang dans le corps, et le ventricule droit le propulse vers les poumons.

villosités intestinales fines saillies situées dans l'intestin grêle. Elles augmentent sa surface et facilitent l'absorption des éléments nutritifs.

zone olfactive région située dans la cavité nasale, où les odeurs sont détectées par des cellules sensorielles.

Index

Remerciements et crédits photographiques

L'éditeur remercie Alexandra Cooper et Megan Schwenke pour leurs contributions, ainsi que Puddingburn pour l'index.

ILLUSTRATIONS

Toutes les illustrations sont de **Argos Publishing, www.argospublishing.com**, à l'exception de quelques illustrations supplémentaires :
12-13 **Susanna Addario ; Tony Gibbons/Bernard Thornton Artists Royaume-Uni ; Moonrunner Design ; Claudia Saraceni**
26-27 **John Bull ; Christer Eriksson (image principale)**
60-61 **Peter Bull Art Studio ; Trevor Ruth**

PHOTOGRAPHIES

Légende h=haut, g=gauche, d=droite, hg=haut gauche, hmg= haut milieu gauche, hm=haut milieu, hmd= haut milieu droite, hd= haut droite, mg=milieu gauche, m=milieu, md=milieu droite, b=bas, bg=bas gauche, bmg=bas milieu gauche, bm=bas milieu, bmd=bas milieu droite, bd=bas droite

APL = Australian Picture Library ; APL/CBT = Australian Picture Library/ Corbis ; GI = Getty Images; iS = istockphoto.com ; PL = photolibrary.com

1 b PL ; **4** bg PL ; **8** bg, hd PL ; **12** bg, bd, m, md, hd PL ; m Chris Shorten ; hd APL ; **13** hg, m, d, h, hm, hg PL ; bd APL ; h iS ; **16** md PL ; **17** bg, hd PL ; bd iS ; **20** hd PL ; **24** m APL ; hd PL ; **30** bd APL ; **32** bg PL ; **36** bg PL ; bg iS ; **43** hg PL ; **44** hd PL ; **48** m, g, d PL ; **49** g, d PL ; **50** hd PL ; **57** bd APL/CBT

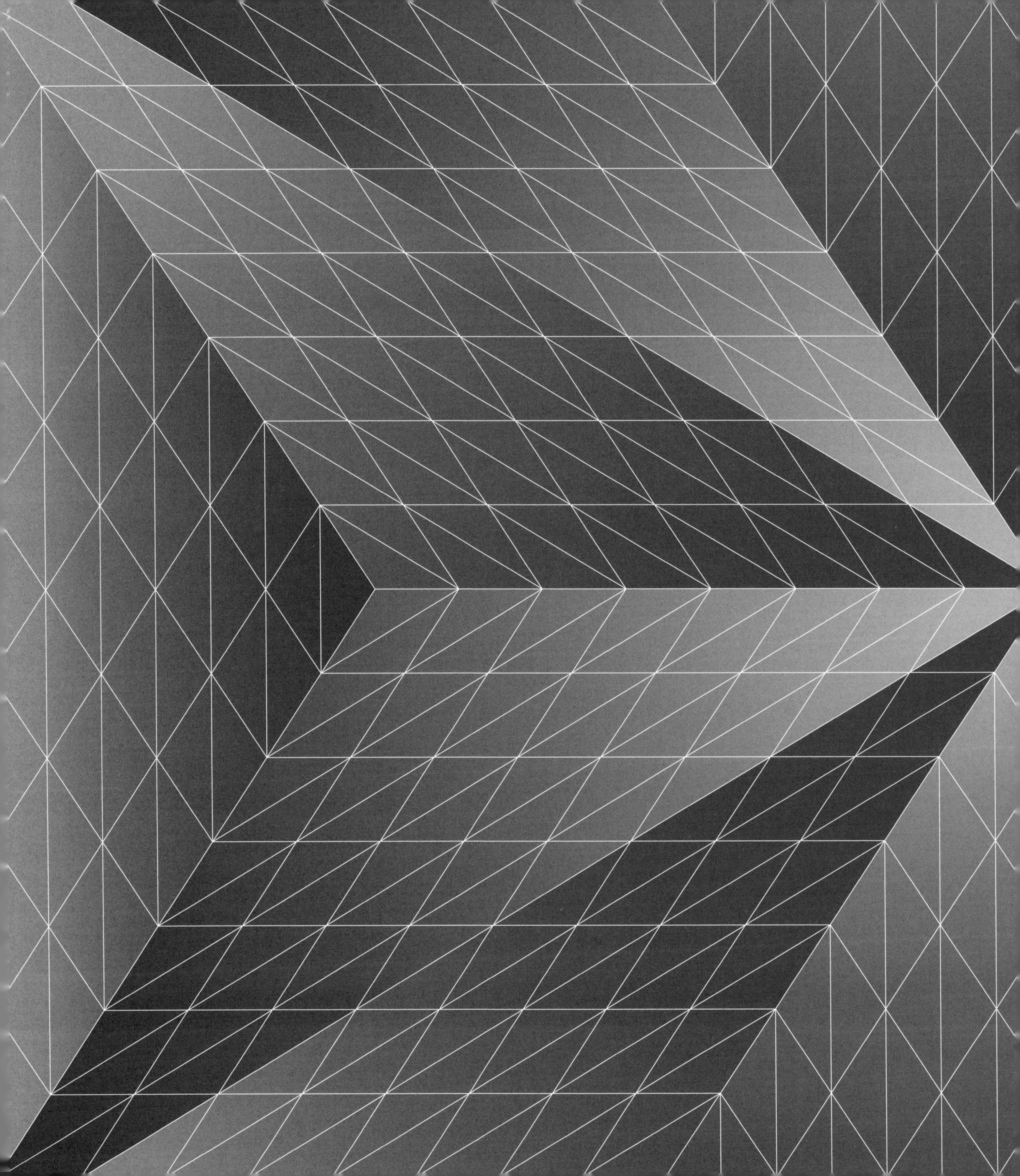